U0915980

不朽的刀锋

王 博 著

長春出版社
国家一级出版社
全国百佳图书出版单位

图书在版编目(CIP)数据

不朽的刀锋 / 王博著. —长春 : 长春出版社,
2017.8

ISBN 978-7-5445-4922-6

Ⅰ. ①不… Ⅱ. ①王… Ⅲ. ①诗集-中国-当代
Ⅳ. ①I227

中国版本图书馆 CIP 数据核字(2017)第167804号

不朽的刀锋

著　　者:王　博
责任编辑:吴　尧
封面设计:庄宝仁

出版发行:長春出版社　　总编室电话:0431-88563443
发行部电话:0431-88561180
地　　址:吉林省长春市建设街 1377 号
邮　　编:130061
网　　址:www.cccbs.net
制　　版:荣辉图文
印　　刷:吉林省良原印业有限公司
经　　销:新华书店

开　　本:787 毫米×1092 毫米　1/16
字　　数:341 千字
印　　张:27.25
版　　次:2017 年 8 月第 1 版
印　　次:2017 年 8 月第 1 次印刷
定　　价:45.00 元

致王博诗友：

你的诗集《不折的力线》名至实归，铁骨凛然，可说是一部有信仰、有血性、有豪气、有风骨，非常难得的时代精品。家生、高如此有作为，秦石诗人这样的子女，中国诗坛后生可畏，真诚可期。祝王博诗友取得更骄人成绩！

丁酉年高占祥于京

国家文化部原常务副部长、中国文联党组书记、诗人高占祥寄语

从岁月深处飞出的诗，不会衰老；从历史深处飞出的诗，不会轻浮；从心灵深处飞出的诗，不会虚妄。年轻的人，年轻的心，年轻的诗，会像歌一样，带着年轻的生命和情怀，飞向远方，飞向梦想，飞向诗的家园！

谨以此祝年轻的军旅诗人王博诗集《不朽的刀锋》出版！

程宝山

中国军事文化研究会会长程宝山中将寄语

弱冠投笔心亦远，书生持剑气自雄。

王博的诗，正气，豪气、胆气、三气一体，读之令萎靡者振作，昂扬者奋进。

军旅作家、军事理论家、空军少将乔良寄语

王博的诗中有一股军人的凛然正气和热血豪情。他的诗有信仰、有兵味、有战味。愿他有更多的好作品问世，祝他成功。

石顺义

空军政治工作部文工团词作家石顺义寄语

读王博古体诗词和现代诗，总给人有一种军人的阳刚之气弥漫全篇之感，我们需要这样年轻的军旅诗人！

王博是一个"八零后"青年诗人，他对古体诗词的喜爱与驾轻就熟，让人惊叹！

他对现代诗歌的表达也大多追求明朗与畅快，从对祖国山河的赞美，对保家卫国军人的咏叹等等，我们都能看到前人边塞诗歌对他的滋养。可见，他深知欲要攀诗歌艺术之高峰，将传统与现代诗歌思潮辩证地融合是自己的选择。

无疑，这选择是睿智的。

俞胜利

中央电视台电视剧制片人、作家俞胜利寄语

王博的诗富有一种力量，一种源于军人精神深处的内在张力，读后给人一种心潮澎湃、荡气回肠的冲动，尤其是绝句诗《亮剑》展现出的精神，彰显了中国情怀、中国精神，对凝聚全国军民的意志力量具有重要激励作用。衷心祝贺王博小战友诗集出版。

李幼斌

中国人民解放军八一电影制片厂表演艺术家李幼斌寄语

祝贺青年诗词作家王博《不朽的丰碑》出版。这是军旅青年献给建军节的佳作。作者在诗词中赞颂了人民军队的光辉历史和英雄人物，讴歌了火热的军营生活，抒发了爱党爱国爱军的殷殷之情。诗词中折射出作者的血性、执着和豪气，是一部值得细品的诗词之作。

期望王博不断进取，创作出更多的反映军队历史和现实的作品，成为一名更加优秀的军旅诗人。

姜廷玉

中国人民革命军事博物馆研究员、军史专家姜廷玉寄语

王博用诗歌向建军九十周年致礼，让我感到了亲切，感到了自豪。

这是我想在此祝福他的由衷。

生命中有了领兵的篆行，一辈子都拥有了荣耀。

郁钧剑

原总政歌舞团歌唱家、中国文联演艺中心主任郁钧剑寄语祝：

王博战友《不朽的刀锋》

成功！

这是来自火箭军一位年轻军官的诗集，青春热血、激情满怀，读者会从字里行间感受到王博作为当代军人的热血豪情，和对军旅文学创作的热爱与执着！

周炜

节目主持人、火箭军政治工作部文工团团长周炜寄语祝贺我们的好战友立博军旅诗集《不朽的刀锋》出版成功！在军旅文学的道路上星光闪耀。

刘和刚

空军政治工作部文工团歌唱家刘和刚寄语

东风浩荡，雷霆万钧，大国长剑，安全基石！从当年秘而不宣的二炮，到如今霸气亮相的火箭军，从人迹罕至的深山密林，到荒凉苍茫的大漠戈壁，在大国重器的成长经历中，又怎能少得了“诗和远方”？从来就没有什么岁月静好，只有无数人在默默地为你负重前行……所以，读一读火箭军的诗吧！

中国人民解放军国防大学教授房兵寄语

祝贺我的好战友王博军旅诗集

《不朽的刀锋》出版成功！

他的诗有着兵的味道泥土的味道

充满青春 充满正能量。

火箭军政治工作部文工团作曲家胡旭东寄语

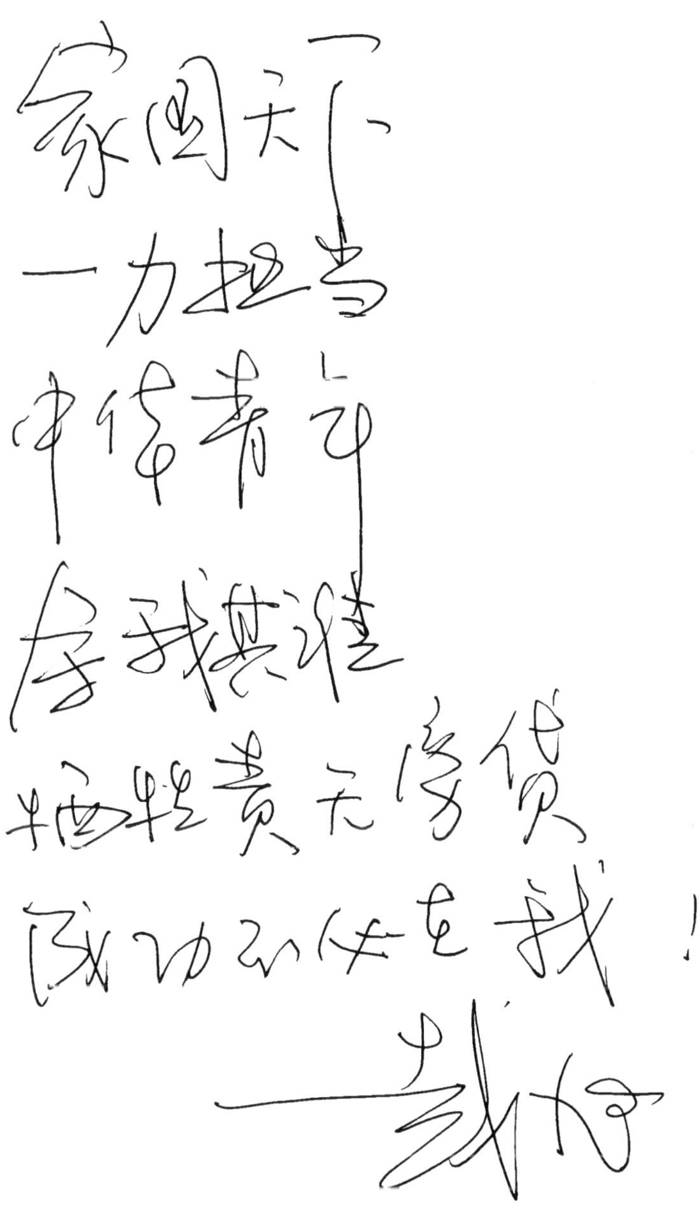

军事专家、中国人民解放军国防大学教授戴旭寄语

兵书的新书写

峭　岩

身在军旅，当以从之；爱在军旅，当以歌之。古往今来，金戈铁马的宏阔悲壮，征战卫国的慷慨激昂，锻造成就了一代代威武军人，同时，历练塑造了一代代诗人。这是军旅生涯独特的属性使然。古代的边塞诗被称为古典诗词的一朵奇葩，它普照着后来的军旅诗坛，延续至今，不曾泯灭光芒，它雄厚的诗之沃土，后继有人。汹涌的河流之波，流淌着汹涛激浪，组合成一支充满诗性的队伍，加固着军旅文化的强大堤坝。

在这支诗人队伍里，我庆幸有不少青年军人秉笔前行，承载古典诗词的血脉，探寻拓展新诗的道路，他们咀嚼身边苦辣刚烈的生活，酿造着古典与新诗词的圣体。王博当属其中之一。他年轻，却有诗志；他苦学，更有成果，是令我欣喜和感动的。

就在全军高呼强军梦之时，王博智慧地潜润其中，从军旅长河的细流探寻，从军旅现实的体貌概括，精妙地提取最精华的部分，亦诗亦词，点燃心中之火，军心兵语，句句飞出士兵的胸口，彰显当代军人的时代风采。

王博是火箭军部队的一名普通干部，他脚踏实地地热爱这支“神箭”之旅，他深知这支部队肩负的神圣使命，更用心捕捉一个个士兵心系重器升天的心动。

军心——钢打铁铸的壁垒，兵语——朴实无华的诗志，凝聚成诗人的创作导向，坚挺而逶迤。

在这里，我看到了新时代军人的文采飞扬，看到了盖海覆地的宽广胸怀。他客观地容纳历史，又科学地前瞻未来，脚踏历史与现实，不失智慧的诗性思考。身为火箭兵的一员，他这样抒怀："万丈辉雷出浩野，波涛劲血尽驰奔。剑腾烈焰飞天远，雪卷寒风绕谷深。直跃晴天云露骨，倒击晚夜月生痕。待观万里雄关道，只见朝阳不见尘。"他面对部队改革："大道横驰笼圈破，登峰踏月染新光。战时百死拼疆场，剑卷晴风报自强。"他牢记重托："强军号角开征程，雷令刀章铸铁魂。呕心言辞铭刻骨，倚挟长剑斩昆仑。"他履行使命："脚踏千层皆沃土，眼观万里尽芳天。钢魂铁魄插川岳，飞卷兵蹄立界关。"他铭记历史："旧留耻恨时为患，逝去飞潮浪卷今。踏破千阶非空步，再攀巅顶厚史林。"

人民军队走过了90年的风雨征途，今后还将继续前行，诗人回望与展望，寄语笔端，希冀又厚望。作为青年军旅诗人怎么看待征路上的"八七会议"、南昌、井冈山、古田、延安、遵义？在这里都有一个圆满的回答："杀戮非绝革命火，长存浩气卷天江。工丢焊钻穿刀甲，农弃镰锄挂弩钢。文墨洒雷击梦醒，武刀割夜固国强。夯基必落千斤血，拓业犹需万尺枪。"（《七律·八七会议》）"剑刀斧钺魂归党，断碎残焚骨正乾。阳火燃心磨铁刃，清风卷魄扫污烟。梦牵昔雪冲峰垒，足踏明潮破浪关。万丈旗云飞贯日，海涯沧月遍红天。"（《七律·古田精神》）"披甲横戈二万五，逼逢血刃剑光寒。草泽踏卷苍鹰落，雪岭奔飞铁马残。破斩千钧凭树骨，驰行万里倚冰川。胸前浪火成灰烬，蹄下云雷碾作烟。"（《七律·长征》）……

以上，我之所以引录这些诗，要说明的不仅仅是诗人创作思想的佐证，还想说明的是王博的古体诗写得精到新鲜。显然不是俗称的顺口溜，也不是"老干体"，是闪烁古典诗词光芒、血脉精神的新诗词。这集中体现在一个青年军人的身上，是不

多见的。他的用词洗练，他的造句巧夺，他的用韵合律，一首律诗整齐对仗、合辙押韵，且意象纷呈，诗意飞扬，是很绝妙的。殊不知，长期以来，有的诗人、诗家被禁锢在陈腐的旧有窠臼里，停留在见物抒怀，大话连篇，实话实说，一事一议，慷慨激昂的原始状态，无发现，无创新，美曰诗词，实则是一杯浅白的开水，无味无色，乃称诗哉？

新自由体诗的写作，亦然。王博在这本诗集里呈现的依然新颖夺目，有些冗长，然不失哲理和豪迈，很注重诗意的拓展。可贵的是他从不大而无当，海阔天空地挥洒不羁，而是主旨鲜明，直达诗意。他把视野匡正在军旅、军心、兵语的沃野里，抒军之威，兵之壮，心之坚上。收在这里的《我们是装备兵》《年轻》《我是一棵草》《战争与和平》等诗，率真而响亮地道出了新一代军人“只有鬓角的下垂，没有光芒的散落”，“孕育雷霆万钧，锻造天雷地火”的正义胸怀和决心。这些捡拾在阵地、营帐、士兵胸口的絮语轻言，无不饱含着泥土汗血的味道。

在这里，我想到西汉儒家诗学的经典《毛诗·大序》中所说：“诗者，志之所之也。在心为志，发言为诗。”又言诗有六义：“一曰风，二曰赋，三曰比，四曰兴，五曰雅，六曰颂。……是以一国之事，系一人之本，谓之风。言天下之事，形四方之风，谓之雅。……颂者，美盛德之形容，以其成功告于神明者也。”严羽在《沧浪诗话》中说：“诗者，吟咏性情也。”又说：“诗之法有五：曰体制、曰格力、曰气象、曰兴趣、曰音节。”“诗之品有九：曰高、曰古、曰深、曰远、曰长、曰雄浑、曰飘逸、曰悲壮、曰凄婉。”先人在这里明示的是诗人之道，诗律之法，任时光流逝，但仍是今天的玉律金科，有传承之光芒。这与当下过于沉浸于私密化、个人悲愁、小情小调的抒发而不能自拔，是不能认同的。家国情怀、赴勇牺牲，永远是军旅诗人独有的永恒主题。诚然，王博是受益其中而秉持不怠的。

王博选择了最强职业——军人，又选择了最力岗位——火箭军。说心里话，他是幸运的。火箭军是我军的独特兵种，被寄予着无限希望。这个插了翅膀的“金戈铁马”，腾达天地宇宙的“战争与和平之神”，由生以来的壮美之诗，冲天之歌，是写不尽、唱不完的。士兵的怀抱在等待着他，昂首冲天的发射塔在等待着他！

当我从弥漫着昂扬气息的诗页上抬起头，眺望窗外碧水蓝天，一缕秋光乍泻案头。心头一阵兴奋，万缕诗情萦绕心际。这也预示着王博的诗歌创作之势，会像秋天的硕果一样，汹涌笔端，垂挂秋天的原野。

我期待着。

2016 年 9 月 8 日于北京海淀花园书斋

（峭岩，解放军出版社原副社长兼编审，著名诗人。中国诗歌学会常务理事、中国作家书画院副院长、国际诗人笔会副主席。现任《华夏诗报》执行总编辑。）

致王博小战友

黄　伟

王博，一位不到三十岁的年轻军人，酷爱诗词，已经出过三本诗集，可以说是一位年轻的诗人。他特别擅长写军旅诗词，读了他的军旅诗，总能令我回想起自己那段激情澎湃的军营生活。对于穿过军装、扛过枪的人来讲，军营的那段经历和岁月在人生的轨迹是永远无法抹去的。屈指算来，我已离开部队十多年了，现在每当看到军人或是听到有关军队的事时，内心总是感觉到无比的自豪和荣耀。看到王博，仿佛就看到了年轻时候的自己，朝气蓬勃、胸怀大志，拥有一腔热血和一颗对党和人民忠心耿耿的赤诚之心。虽然我已经步入商界多年，但军营给予我的信仰、信念，始终是我叱咤商场的精神航标，是我驰骋人生的不变魂灵。

王博十分聪慧和勤奋，读书颇多，阅历广泛。我看过王博的很多军旅诗词作品，有律诗、绝句、词，也有大量的现代诗，其中尤以七律见长。王博的诗，有的豪迈奔放、激情四射；有的深情含蓄、意境幽深；有的清新自然、淡定从容；有的沉郁悲怆、忧国忧民。他的诗歌总是把个人的情怀和思想巧妙地与爱国主义紧密结合在一起，充满了血气和豪气，读起来既不感到俗套守旧、枯燥乏味，又不会觉得苍白无力、生涩难懂。他把爱国主义核心价值观充盈、激荡在诗句里，将忧国忧民的爱国精神、视死如归的英雄气概以及浩气长存的民族正气、马革裹尸的牺牲精神倾注在诗句中，熏陶、鼓舞、感染着每一位读

者。可以这样说，军旅情怀是这些诗歌倾注的挚爱，爱国主义是这些诗歌共铸的灵魂。

王博的诗把家国荣辱记在心头，时时回首峥嵘岁月，中国革命的艰辛历程是他诗词创作的不竭源泉。在王博的军旅诗中，描绘了我军自建军以来发生的一系列重大历史事件。“惊雷怒吼出阴夜，化电劈杀旧垒垣”，这是《七律·南昌起义》中对武装反抗国民党反动统治的吟唱；“万里丘峰为骨翼，八年风雪作衣冠”，这是《七律·八路军》中对八路军艰苦抗日的写照；“身心百战云雷滚，星剑一飞莽野收”，这是《七律·两弹一星》中对两弹一星发射成功的颂歌；“人子民兵犹作箭，乡众亿万掌长弓”，这是《七律·九八抗洪》中众志成城的咆哮。这一幕幕惊心动魄的画面，一个个感人肺腑的场景，犹如一部军史，让读者深切缅怀先烈们的英雄壮举，感知着我军艰难的发展历程，激励着当代军人继往开来、奋发图强，去继续书写建设世界一流军队的壮美篇章。

王博的诗把警钟鸣在耳畔，处处感知风云变幻，捍卫使命是他诗词创作的自觉担当。在这个和平年代，是不是硝烟烽火早已远离我们？是不是危难已不复存在？绝对不是，现在国际形势复杂多变，伴随着中国的崛起，国际敌对势力鼓吹着“中国威胁论”，不时在南海等地区给我们制造麻烦。军旅诗词就应该缘事而作，及时把握时代脉搏，审视国际阴雨，绝对不能患上“刀枪入库、马放南山”的“和平病”。正如阎肃先生所描述的“风花雪月”：风是“铁马秋风”，花是“战地黄花”，雪是“楼船夜雪”，月是“边关冷月”。在王博的诗歌中，我深刻地感受到了王昌龄《从军行》的气魄，岳飞《满江红·怒发冲冠》的呐喊，还有戚继光《韬钤深处》的志向，秋瑾《鹧鸪天·祖国沉沦感不禁》的忧思。战味、兵味、军味、血性、胆气永远是军旅文化的主流，军旅诗人也必须要有这样的气魄。

作为一名曾经在军队奋斗过的老同志，看到年轻的一代军人愿意把自己的青春和精力奉献给军队的文化事业，我的内心感到由衷的喜悦。作为一名中国企业家，我希望看到将士保家卫国、社会安定团结、祖国繁荣富强。没有军人的无私奉献就没有国家的和平稳定，没有军人的静默坚守，就没有经济的繁荣发展。所以我希望看到有更多的后辈年轻力量为建设我们的国家和军队无怨无悔。当我听说王博要义务为他挚爱的军营出一本诗集时，我深受感染，我愿意资助这位年轻人，这不仅仅是我与王博个人之间的情感，更重要的是我对军队的那份真情。习近平总书记讲："我们现在比历史的任何时期都更加接近中华民族伟大复兴这个目标。"我们是距离这个梦想最近的一代人。我相信王博，一定会不忘初心、坚定执着、开拓进取、敢于攀登，在实现强国梦、强军梦的伟大进程中，高扬民族精神的大旗，吹响奋发前进的号角，创作出更多无愧于时代的优秀名篇，成为一名更加优秀的军旅诗人，成为军旅文化舞台上一颗璀璨的明珠。我也希望以通过资助他的这种方式加入到这个队伍中来，成为他成长中的助推力，成为他成功的奠基者，为我们的军旅文化贡献出自己的一点力量。

（黄伟，顺丰速运集团公司副总裁。）

金戈铁甲五千载 而今诗语枕刀锋

王　博

军旅诗，“导源于先秦，滥觞于《诗经》，挺进于汉魏，标雄于建安，发展于六朝，扩大于梁陈，登顶于三唐，复盛于有清，再进于民国，新变于当今”。这是魏新河先生对军旅诗史的一个准确概括。每当中华民族到了危难之际，总会有一些振奋国魂、军魂的诗歌奔流涌现，从春秋时期楚国屈原的“长太息以掩涕兮，哀民生之多艰”的仰天长叹，到战国时期荆轲“风萧萧兮易水寒，壮士一去兮不复还”的慷慨悲歌；从南宋陆游的“王师北定中原日，家祭无忘告乃翁”的离殇国怨，再到文天祥的“人生自古谁无死，留取丹心照汗青”的赤胆忠肝，这些诗歌如冲锋的号角，如激昂的战鼓，奏响了鼓舞人们战斗的乐章，激励着中华儿女挺身而出，为民族之崛起抛头颅、洒热血，他们的铮铮铁骨铸就了我们中华民族上下五千年的国魂、军魂，也正是这些为国家兴亡而置个人生死于度外的仁人志士的呐喊之声，激励着世代炎黄子孙为民族、为国家牢记使命、艰苦奋斗、不忘初心、继往开来。

国魂需要军魂，军魂需要军旅诗，视死如归、奋不顾身的英雄豪迈是军旅诗；刀山火海、金戈铁马的壮志豪情是军旅诗；肝胆相照、同生共死的刎颈之交是军旅诗。在军旅诗的世界里，它时而让我热血澎湃，上阵杀敌的冲动翻滚不息；时而让我心

痛如割，国恨家仇的悲愤油然生起。怎能忘列强欺凌、肆意瓜分的屈辱；怎能忘倭寇横卷、山河破碎的悲壮；怎能忘浴血奋战、舍身为国的先烈；怎能忘不屈抗争、誓抵外侮的国民。军旅诗，一直警醒我们勿忘国耻；军旅诗，一直呼唤我们奋起抗争。它让我们铭记历史，它让我们展望未来。

大道之行，时移世易。虽然如今我们已缺少了万马飞沙、横刀亮剑的豪情，但我们依然行进在民族复兴的伟大征程，在中国共产党的领导下，强军兴军依然是时代重要的使命任务和战略重点，我们要牢记这个使命任务和战略重点，永远坚守这块神圣的阵地。

报效家国的坚定信仰。不恋春秋甘守土，唯留血骨效家国。纵观历史长河，优秀的军旅诗篇，无不体现出不畏生死、忠于家国的思想。林则徐的“苟利国家生死以，岂因祸福避趋之”，张卫的“向北望星提剑立，一生长为国家忧”，于谦的“一片丹心图报国，两行清泪为忠家”，以及毛泽东主席的“问苍茫大地，谁主沉浮”的浩荡胸怀，报效家国始终是中华民族五千年文化的重要精髓，是中华民族军旅诗词创作的最高追求。只有把这种最高追求深藏于内心、深藏于骨髓、深藏于灵魂深处，它才会焕发出强大的精神力量、融进我们的笔锋，激励着每一位战士为爱国主义信仰而不懈战斗。著名诗人陈子昂两度从军，对国家对军营之情无以言表，在《感遇》中写下了自己的报国志向：“感时思报国，拔剑起蒿莱。西驰丁零塞，北上单于台”；岳飞的《满江红·怒发冲冠》：“三十功名尘与土，八千里路云和月。莫等闲，白了少年头，空悲切!”写出了自己内心对国家炙热的情怀和为国出征的急切心情。每当读到这些脍炙人口又激人奋进的热血诗篇，内心总是对报效国家充满着无限的渴望与向往；每当站立在军旗下望着那面用先烈鲜血染红的旗帜，总会告诫自己：“为了军旗高扬，我们永不后退”；每当我们站在丰碑前望着那一个个熟悉而又伟大的名字，我们总会热泪盈眶，曾经英雄抛洒的热血

似乎在我的心里翻腾、飞卷；每当我们看到那一首首热血阳刚、激情豪迈的爱国主义诗词，我们总会思绪飞越时代的长河，走进那个烽火硝烟的年代，感受那种生与死的考验，体会那种剑与火的磨砺。和平的年代虽有沁人的花香，却也有激荡的风雨，忘却了激荡的风雨就不会有怡人的芳香，当我们军旅诗词中再也没有爱国主义的刀锋、利剑、热血，也许等待我们的就是精神的放纵、思想的动摇和意志的不坚，灵魂再也承担不起战斗的因子。召唤时代的爱国主义是军旅诗词责无旁贷的历史重任，我们要把最浓烈、最真挚、最深沉、最澎湃的爱国情怀融进诗词里，让属于爱国主义的每一个字句、每一个典故都凝聚成巨大的力量，召唤每一名中国人，为国家的事业不懈奋斗。

英勇无畏的战斗精神。万箭穿心非碎骨，再张弓弩震云天。在硝烟烽火、枪林弹雨的战场上，没有一刻不是惊心动魄，没有一次不是生死考验。军旅诗词中处处彰显着在生死一线上奋勇挣扎的英雄们在用生命践行信仰的战斗精神，它把忠诚的基因、血性的柔美、暴力的艺术、战斗的文化巧妙地结合起来，让一代代中国人在烈火般的阳刚中找寻着中华民族勇敢、勇猛的基因。李白《从军行·其二》“突营射杀呼延将，独领残兵千骑归”歌颂了神勇过人、以一敌百的威猛英雄；王翰《凉州词》“醉卧沙场君莫笑，古来征战几人回”抒发了出征将士们九死一生、视死如归的无畏气概；王昌龄《从军行七首·其四》“青海长云暗雪山，孤城遥望玉门关。黄沙百战穿金甲，不破楼兰终不还。”描写了将士们杀敌报国、保家卫国的坚强决心，在杀风冷冷的疆场上，将士们看见自己的战友兄弟一个个倒下去，看见自己的金甲铁衣渐渐残破不堪，梦见自己的妻儿远在故乡流泪守候，但这些并没有磨蚀掉他们战斗的意志，却激发了他们无限的报国热情，“不破楼兰终不还”，这一发自官兵们内心的呐喊，是他们对使命的践行，是对热血报国的奉献。军人的理想信念里永远没有恐惧和退缩，一首首赞美军人战斗精神的诗歌经久

不衰、世代相传，激励和鼓舞着当代革命军人为忠诚于党、保卫祖国、奉献人民而不懈奋斗、不怕牺牲。每当危难到来之时，第一个向敌人亮剑的是军人，第一个向百姓伸出援手的是军人，第一个为国家挺身而出的是军人。无论是镇守边疆的孤寂还是瞭望海疆的枯燥，又或是深山铸剑的神圣与地下坑道的危险，这些时代光辉的形象永远是美丽赞歌永恒不朽的主题。

悲壮惨烈的战争环境。剑刃劈开锋铁骨，长流碧血染门关。在狂沙莽莽的戈壁大漠，在荒无人烟的深山老林，在巍峨险峻的高山峰顶，在一望无际的广阔田野，哪里是战场，哪里就有惊天动地的巨响，哪里就有哀鸿遍野的土地，哪里就有烽火连天的穹云，哪里就有挥之不散的硝烟。伟大的爱国主义诗人屈原在《国殇》中写道："带长剑兮挟秦弓，首身离兮心不惩。诚既勇兮又以武，终刚强兮不可凌。身既死兮神以灵，子魂魄兮为鬼雄。"至今读起仍令人荡气回肠、扼腕嗟叹。王之涣《凉州词》写道："黄河远上白云间，一片孤城万仞山。羌笛何须怨杨柳，春风不度玉门关。"淡淡的几笔就勾画出边塞的凉州雄伟壮阔与荒凉寂寞，这不禁令人们联想到今天镇守边疆的战友兄弟们，虽处于和平年代，但依然在艰难的环境中战斗。他们有的身处深山老林，有的身处大漠戈壁，有的常年在地道岩层，经久不见阳光，与亲人时空相隔，默默思念，在悲凉的世界里雕琢着信仰的高尚，塑造着真情的伟大，抒写着奉献的无悔。战场既有惨绝人寰的壮烈，也有荒落孤寒的凄凉。我们创作的军旅诗歌除了写将士的信仰和战斗的精神，残酷的环境也仍然是我们创作的重点，尤其是处于和平时代的今天，面对着很多没有真正上过战场的军人，我们的军旅诗词更应该去彰显硝烟烽火和枪林弹雨的悲壮惨烈，这样才能够从诗歌中体会战场的壮烈与残酷，从而把勇敢和无畏的基因根植于我们的血性认知中。

以耻鸣人的战争哲思。惊雷潮卷难平浪，耻恨千年刻铁心。中华民族的历史，像一艘前进的航船，有惊涛骇浪的惊险，有乘

风破浪的壮阔，每当危难来临时总会涌现一群慷慨激昂、奋不顾身的诗人，他们屹立在精神战场的巅峰，用热血的言辞激励民族的斗志，唤醒国人沉睡的灵魂。这些惊心动魄的爱国主义诗词成为历代激励后人的不朽篇章，每当我们诵读之时，都无法忘记我们过去经历的风浪，都不能忘记我们曾进行的抗争，都不会忘记我们过去流下的鲜血。19世纪末，西方列强掀起了瓜分中国的狂潮，造成了中华民族前所未有的生存危机。谭嗣同的《有感》就是在这样的背景下创作的：“世间无物抵春愁，合向苍冥一哭休。四万万人齐下泪，天涯何处是神州?”甲午战争的惨败，激发了无数仁人志士的爱国热情，秋瑾的《黄海舟中日人索句并见日俄战争地图》：“浊酒不销忧国泪，救时应仗出群才。拼将十万头颅血，须把乾坤力挽回。”抒发了强烈的爱国热情与献身革命的坚强意志，读之令人肃然起敬。“寄意寒星荃不察，我以我血荐轩辕”是鲁迅的壮语；“仗剑纵横摧虏骑，不教荆棘没铜驼”是吴玉章的豪情。在近代中国，爱国主义诗词如疾风骤雨般倾洒着，呼唤着民族的力量，是激励斗志的符号，是铭记历史的钟声，让我们知荣耻，启深思，奋发图强，学先烈、仿先仁，再塑国魂。

作为一位军旅诗的爱好者，我要用我的诗词去镌刻饱经沧桑的民族历程，让我们知道“国破山河在，城春草木深”的悲凉，让我们知道“春愁难遣强看山，往事惊心泪欲潸。四百万人同一哭，去年今日割台湾”的悲愤；让我们知道“一唱雄鸡天下白，万方乐奏有于阗”的欣悦。我也要用我的诗词去缅怀古往今来的仁人志士，让我们知道他们“只解沙场为国死，何须马革裹尸还”的气概，让我们知道他们“我自横刀向天笑，去留肝胆两昆仑”的气魄，让我们知道他们“只有精忠能报国，更无乐土可为家”的气势。中华民族生生不息，民族兴亡责于匹夫，我们应该为时代的发展、民族的振兴发出自己的一份光、一份热，用浓烈的诗句抒发爱国热情，将坚定、伟大的报国之志融于我们的字里行间，让军旅诗词之花，绽放在祖国未来美好的明天！

目录

MU LU

不朽的刀锋

七律·鸦片战争

（一）

十年散养荒兵甲，百战难出山海关。
刀剑钝存生锈迹，兵师殆落续花烟。
无钢肉骨难成器，断血江河不立帆。
虽有金银封库府，恨失魂魄烙疮寒。

（二）

强国必先知天下，放眼一观九万峰。
非让鬼烟侵地土，必磨神剑亮天锋。
古今同仰千秋月，将帅共燃万里灯。
无骨残鸟今已逝，百年一过变鲲鹏。

七律·甲午战争

（一）

汪洋火海掀云浪，万里炎黄伴舰沉。
利炮临关轰劣性，坚船入土洗污根。
银多兵寡别王道，国弱军强化寇身。
多少春秋仓谷满，铁魂不振落尘痕。

（二）

冲锋血狗食刀斧，静水石龙抱月眠。
兵骨屈弯身剑弱，将魂散落胆心寒。
海天烽火丢船甲，皇院莺歌枕梦帘。
铁舰北洋名咤叱，贼倭一斩扫风烟。

作者感言：甲午战争中，李鸿章苦心经营的北洋舰队全军覆没，这标志着清朝历时三十余载的洋务运动失败了。割地赔款、开放口岸、主权沦丧，中国社会半殖民地化程度进一步加深。清政府认识到，即使是弹丸之地的日本也是打不过了。从此，提到西方侵略军便闻风丧胆，妥协退让成了应对帝国主义列强的惯例，19 世纪末，帝国主义掀起了瓜分中国的狂潮。甲午一战，中国的惨败，真的是日本强大到我们不可战胜吗？我认为不是。指挥不当、妥协退让、没有必胜的信心以及没有形成上下合心的凝聚力，都是我们输掉这场战争的重要原因。要知道妥协畏

惧是助长恶魔气焰的食粮，勇敢坚毅是捍卫正义长剑的基石。甲午战争，是中华民族历史上耻辱的一页，面对耻辱，我们不应逃避，只能检讨、思考、改变和警醒今天和未来发展的道路，它虽然是我们内心永远抹不平的伤疤，但它同时也是医治我们精神疾病的良药。今天，我们的祖国，早已不是昏睡的巨龙，它正张展双翼、飞跃苍穹，为世界的和平和民族的复兴正创造着永不枯竭的神圣力量。今天，我们的军队，已发展成为保护祖国的钢铁长城，它正斗志昂扬、团结一致，在强国强军的大道上阔步向前。

七律·五四运动

（一）

初生骐骥藏龙骨，轹斩坑崎化雪霜。
笃志难容夺域土，求学岂负振炎黄。
先行勇者鞭书愤，后进才人饮血狂。
泻卷新潮飞浪啸，乌云破落现金光。

（二）

邦难弃书生斧甲，长街都府竟刀烟。
飞挥铁袖掀云浪，遍展旌旗挂月川。
敲震金革击伪寇，砺磨剑齿碎污奸。
少生骨鲠非残弱，傲振雄魂立远帆。

作者感言：1919 年 1 月，第一次世界大战战胜国在法国巴黎召开了所谓的“和平会议”，中国作为第一次世界大战协约国之一，参加了会议。在巴黎和会上，列强不顾中国也是战胜国之一，拒绝中国代表提出的归还德国在山东权益的合理要求，却将权益转让给日本。此消息传到国内后，立即掀起波澜，5 月 4 日在北京爆发了五四爱国运动，爱国学生走上街头，高举“誓死力争、还我青岛”“拒绝在和约上签字”等标语，学生的振臂高呼，却受到了北洋政府的镇压，这激起了全国各界人士的爱国热情。6 月 3 日，上海的学生进行响应，工人罢工、商人罢市，

一场更大范围的抗争运动展开了。最终迫使北洋军阀政府没有在和约上签字，并惩办了卖国贼曹汝霖等。五四爱国运动，是一场彻底地反对帝国主义和彻底地反对封建主义的爱国运动，成为中国旧民主主义革命和新民主主义革命的分水岭。在这次运动中，工人阶级登上了政治舞台，并发挥了决定性的作用。五四爱国运动成果的取得，从思想层面上来看，是与新文化运动以及马克思主义在中国的广泛传播密不可分的。在近代，民主、平等等新思想的传入，唤起了民族意识与民族觉醒，可以说："五四运动是新思想教育传播成功的结晶。"如果说思想的进步是社会进步的前提，那么教育的进步则是思想进步的基础，对广大青年学生的教育更是巩固国家发展、维护社会稳定、复兴民族未来的基石。

七律·南昌起义

（一）

惊雷怒吼出阴夜，化电劈杀旧垒垣。
引火激浊云破雾，穿流涌卷浪击帆。
翻身仰射巍穹宇，亮剑横夺铁马关。
首立徽旗升鄂赣，刀锋不朽百千年。

（二）

文道不应荒武备，枕戈砺剑在朝夕。
千军不弃风雷笔，万里犹增胄甲衣。
斩马立旗召勇骨，横刀夺帅令雄师。
开峰破壑九十载，浴血峥嵘作史诗。

七律·八七会议

（一）

杀戮非绝革命火，长存浩气卷天江。
工丢焊钻穿刀甲，农弃镰锄挂弩钢。
文墨洒雷击梦醒，武刀割夜固国强。
夯基必落千斤血，拓业犹需万尺枪。

（二）

拓荒万里非书论，犹有刀风剑雨驰。
元展弯弓开霸业，清飞铁马铸基石。
破翻浪海非王将，摇撼峰山尽草衣。
亿万夫民魂梦醒，夜出星火遍东西。

作者感言：八七会议是第一次国内革命战争失败以后，在关系党和革命事业前途和命运的关键时刻，中共中央政治局于1927年8月7日在汉口召开紧急会议。会议批判和纠正了陈独秀右倾机会主义错误，撤销了其在党内的职务，选举了新的临时政治局，确定了土地革命和武装斗争的总方针，并决定发动秋收起义。毛泽东出席了会议并提出了著名论断“枪杆子里出政权”。

思想意识形态领域的斗争以文为主、以武为辅，而在军事领域上的斗争则以武为主、以文为辅。政治战线的职责是教育和发动人民；而军事战线的职责则是建立政权和保卫国家。两条战线相辅相成，缺一不可。军事可以保障政治，政治也可以服务军事，在着力抓好铸牢军魂工作的前提下，不同的历史时期，两项工作重要性所占的比例则不尽相同，但目标只有一个，保卫党、国家以及人民的安全。

七律·秋收起义

（一）

染血镰锄充斧钺，直插湘赣卷硝烟。
风云创业凭刀剑，雪雨更生靠岭山。
鹰踏高楼难展翅，龙逢野火必升天。
聚召万水出低谷，一统军兵肇苦寒。

（二）

突转阴风雷电啸，工身农骨化兵军。
守家固地当强武，护土分田必跨魂。
孤岭沙石轻雪雨，铁根水木重昆仑。
井冈乡野虹旃立，尽孕征途万里鲲。

作者感言： 1927 年 9 月 9 日，毛泽东在湘赣边界领导发动了秋收起义。八七会议后，我们党旗帜鲜明地提出了“枪杆子里出政权”这一著名论断，会议决定派毛泽东去湖南改组中共湖南省委并领导秋收起义。起义部队主要由原国民革命军第四集团军第二方面军总指挥部警卫团和湖南平江、浏阳的工农武装组成。起义爆发后，部队在修水县城举起义旗，向长沙挺进。途经渣津，与收编的邱国轩第四团会合，并攻克了敌人盘踞的朱陂厂，在进攻长寿金坪受挫后，返回修水台庄，后接毛泽东指示，挥师浏阳文家市。在文家市，毛泽东做了重要的决定，向敌人力

量薄弱的农村进军，走农村包围城市的革命道路。秋收起义第一次公开打出了工农革命军的旗号，起义虽然在开始时以攻占大城市长沙为目标，但在起义遭到严重挫折后，及时从进攻大城市转到向农村进军，这是人民革命史中具有决定意义的新起点。井冈山革命根据地的开辟，成为中国革命的摇篮，全国各地相继建立了许多的农村革命根据地。“星星之火，可以燎原”，秋收起义和井冈山革命地的建立，是毛泽东的农村包围城市思想的起点，是马克思主义理论在中国的发展与创新。革命的道路艰辛而又漫长，我们只有不断通过实践来总结经验，通过经验来丰富理论，通过理论再去指导实践。所有胜利的辉煌也都是经历了无数次艰难困苦的打磨才铸就的。在前进的道路上，我们永远没有终点，学习、思考、实践永远是我们身体的发动机，执着、勇敢、坚毅永远是我们精神的催化剂。格局在变、形势在变，我们永远要用世界与未来的眼光观察与思考。发展在于创新，创新在于发现，发现在于探索，我们永远处在各项事业建设的雄关漫道之上，充满希望和梦想的阳光将永远照耀于执着努力的领航员。

七律·三湾改编

（一）

工身农骨出乡土，尽染鲜红立铁旗。
滴水连川积瀚海，高山拔地筑基石。
官兵有聚同甘路，文武无别共难时。
一统政军横万里，遍打天下不逢敌。

（二）

一改杂陈俗旧体，上方良策落三湾。
直插武魄归钢齿，遍种军魂驻铁连。
刀剑寡独非弃甲，兵粮穷尽必冲关。
将兵父老燃星火，红透边区百丈天。

作者感言： 1927 年 9 月 29 日至 10 月 3 日，毛泽东在江西永新县三湾村领导了举世闻名的“三湾改编”。这次改编，从政治上、组织上保证了党对人民军队的绝对领导，还创造性地提出了“党指挥枪”“支部建在连上”“官兵平等”等一套崭新的治军方略，为巩固党领导人民军队打下了坚实基础。“党指挥枪”，确保了军队永远向光明正确的方向挺进。“支部下连”，在稳定军队基层方面筑牢了党的基石。“官兵平等”，在发扬军队党的民主工作中发挥作用。可以说，“三湾改编是中国共产党建设新型人民军队最早的一次成功探索和实践”。

七律·井冈山会师

（一）

战卷湘南惊月宇，秋收蹄印挂江川。
朱毛霸令归兵统，风雪雄关裹剑攀。
铁齿长龙翻岭岳，赤睛猛虎卧丘山。
井冈根立先天下，星火燃生万里烟。

（二）

万马雄师三主力，朱毛合令据一方。
养兵退守扎残野，磨剑屯耕拓远乡。
步卷浮云难踏岳，根垂深土必开疆。
一缕星火燎原势，尽点苍茫揽日妆。

作者感言： 1928年4月28日，毛泽东率领的秋收起义部队与朱德、陈毅率领的湘南起义部队和贺龙领导的南昌起义部分部队在井冈山胜利会师。两军会师后，合编为中国工农革命军第四军，此次会师是中国人民解放军建军史上的重要历史事件，它壮大了井冈山的革命武装力量，对巩固扩大全国第一个农村革命根据地，推动全国革命事业的发展，确保革命的星星火种，乃至后来形成了燎原之势具有深远的意义。

七律·思忆九一八

（一）

香入坟前常拜祖，人逢秋夜必思亲。
族舍血骨沾黑土，乡党尸颅挂雪林。
老妪家绝唯颤吼，少提母逝尽疯吟。
妖花难乱兵风骨，鬼雾非迷赤子心。

（二）

春雷惊涌飞云日，破斩长空雪雾收。
踏卷东风难忘耻，饮吸秋水早生愁。
孤灯尽忆烽台月，绮梦非思广厦楼。
一懈华装披战甲，碎珠碾玉换吴钩。

作者感言：1931年9月18日夜，在日本关东军的秘密策划下，铁道“守备队”炸毁了沈阳柳条湖附近日本修筑的南满铁路路轨，并栽赃嫁祸于中国军队。日军以此为借口，炮轰沈阳北大营，“九一八”事变爆发。张学良领导的东北军奉行蒋介石的不抵抗政策撤入关内。1932年2月，东北全境沦陷。此后，日本在中国东北建立了以长春为都城的伪满洲国傀儡政权，开始了对中国东北人民长达14年之久的奴役和殖民统治。每年9月18日，听到防空警报的长鸣时，我都在思考，奋斗是为了什么？读书是为了什么？当兵是为了什么？是为了一份旱涝保收的工作吗？是

为了一个光荣华丽的称号吗？如果真的这样想，那我们就缺失了读书从军的意义，那是对大学、军营乃至社会责任的一种亵渎。

我们都不是好战者，和平是我们永恒的追求。但我们是善战者，打赢的特权永远属于我们。和平不是从天上掉下来的，是千万次军人们的灵魂被感召、精神被洗礼、血肉被磨砺才换来的。昏醉是旱漠的狂沙，觉醒才能筑起钢铁的长城。

七律·长征

（一）

雄关铁索岩峣路，拔斩沟峰岳谷开。
赤水翻腾风剑滚，黔江咆哮血舟拍。
泸关浪堑挟颀破，渡口涛雷裹骨裁。
万壑云崖非鬼府，壮心不死凯旋来。

（二）

披甲横戈二万五，逼逢血刃剑光寒。
草泽踏卷苍鹰落，雪岭奔飞铁马残。
破斩千钧凭树骨，驰行万里倚冰川。
胸前浪火成灰烬，蹄下云雷碾作烟。

作者感言：长征精神是中华民族百折不挠、自强不息民族精神的最高表现，是保证我们革命和建设事业从弱小走向强大的精神力量。长征，在人类历史上前所未有、极其伟大，它所创造的英雄业绩无与伦比，它是中国革命史上的奇迹，也是世界军事史上的伟大壮举，我们后人将永远铭记这段辉煌史篇，传承中华民族优秀革命传统、践行伟大长征精神，凝聚强军力量走向新时代的万里长征。习主席曾指出，伟大的长征精神是中国共产党人革命风范的生动反映，我们要不断结合新的实际传承好、弘扬好。

七律·“一二·九”运动

（一）

国自图强锋齿爪，苍茫万众尽兵军。
何梅雪贱荒文道，秦土风污丧武魂。
墨客藏刀磨日月，书生有骨载昆仑。
春秋四海操戈刃，一统乾坤破夜昏。

（二）

狂书血愤除杀辱，国域疆川任纵横。
冲涌风洪疾浪啸，叱嚎雷电破山崩。
千篇墨翰生廉锷，万里蹄云卷剑风。
星火直插青壮骨，春秋醉马化龙腾。

作者感言：1935 年的中国正处于生死存亡的关头，日寇加紧了侵略中国的步骤，以武力相威胁迫使南京政府签订了《何梅协定》和《秦土协定》，天津和河北、察哈尔等地的大部分主权拱手奉送给日本。之后，日本在这些地区积极策划成立傀儡政权。华北事变加重了民族危机，处在国防最前线的北平学生，痛切感到“华北之大，已经安放不得一张平静的书桌了”。中国共产党针对时势发出“抵御侵略、保卫华北”的号召，推动了全国抗日救亡运动的高涨。在中国共产党的领导下，1935 年 12 月 9 日，北平大中学生数千人举行了抗日救国示威游行，反对华北自

治，反抗日本帝国主义，要求保全中国领土的完整。12 月 12 日和 12 月 16 日，北平学生再次爆发大规模示威游行，上万学生群众聚众街头，迫使晋察冀政务委员会推迟成立。北平学生的爱国行动得到了全国学生的响应和全国人民的支持，形成了全国人民抗日民主运动的新高潮，推动了抗日民族统一战线的建立。“一二·九运动”是“五四爱国运动”精神的继承和发扬，这种爱国精神激励了一代又一代的热血青年，为国家、为民族、为人民的独立与富强抛头颅，洒热血，奉献青春，奉献生命。“少年智则国智，少年强则国强”，今天的青年官兵、青年党员干部抑或是青年学生，都应为祖国的发展履职尽责，都应该倾洒热血，不忘初心，将耻辱变为警钟，走向国强的巅峰。时刻做先进思想的传播先锋，时刻做保家卫国的排头标兵。相信，未来的青年一定会成为国家建设的中流砥柱。

七律·卢沟桥事变

（一）

亡我野心非碎灭，卢沟战火贯苍茫。
兵持戟钺驱倭狗，将守关门斩寇狼。
生卷铁衣穿弹甲，死留白骨固城邦。
难容寸土狐蹄印，万里中华起刀枪。

（二）

战气威横云岭外，千钧弹火挂胸肩。
魂插桥骨无碎碾，剑倚城池不断弯。
壮死关前非落寇，苟生阵后必称奸。
身为盾甲城为墓，铁血何惜染月天。

作者感言：1937 年 7 月 7 日，日军在北平西南卢沟桥附近演习时，借口一名士兵失踪，要求进入宛平县城搜查，遭到中国守军第二十九军严词拒绝。日军遂向中国守军开枪射击，又炮轰宛平城，第二十九军奋起抗战，这就是震惊中外的“七七”事变，又称卢沟桥事变。“七七”事变是日本帝国主义全面侵华战争的开始，也是中华民族进行全面抗战的起点。日军发动“七七”事变后，迅速在全国引起了强烈反响，事变的第二天，中国共产党中央委员会就通电全国，呼吁：“全中国的同胞们，平津危急！华北危急！中华民族危急！只有全民族实行抗战，才是我们

的出路！”并且提出了：“不让日本帝国主义占领中国寸土！为保卫国土流最后一滴血”的口号。蒋介石提出了“不屈服、不扩大”和“不求战、必抗战”的方针，并致电宋哲元、秦德纯等人“宛平城固守勿退”，“卢沟桥长辛店万万不可失守”。1937 年 7 月 17 日蒋介石发表谈话，指出“卢沟桥事变已到了退让的最后关头，再没有妥协的机会，如果放弃尺寸土地与主权，便是中华民族的千古罪人”。在卢沟桥抗战中，第二十九军将士不惜生命、保家卫国、坚决抵抗，二十九军副军长佟麟阁、一三二师师长赵登禹壮烈殉国，很多年轻军人、学生也在战斗中献出了宝贵的生命。妥协与退让永远不是解决问题的根本，我让一寸，敌人就会进一尺。清政府自签订第一个不平等条约《南京条约》后，一系列侵略与不平等条约纷纷袭来，这足以说明妥协与退让只会助长侵略者的野心和气焰，削弱了我们的士气。所以对于侵略者，我们只有抵抗，必须反击。今天的磨刀砺剑，是为了明天战场上的挥刀亮剑，保家卫国永远是革命军人责无旁贷的神圣使命。

七律·平型关大捷

（一）

八路军威横岭岳，征衣铁骨染红朱。
无穷弹雨袭天落，不尽腥风破地出。
托顶尖枪击寇首，握持利刃砍敌颅。
险关捷胜兵魂振，亿万雄心挂战途。

（二）

兵聚冉庄发战令，寒雷透骨踏洪天。
飞夺腰站拔深谷，伏斩乔沟破铁关。
庙倚枪攻穿弹火，肉搏刃砍荡尸山。
贼侵我土必诛惩，直教倭身化鬼烟。

作者感言：1937 年 9 月 25 日，八路军在山西省大同市灵丘县平型关附近，为了配合第二战区的友军作战，阻挡日军攻势，由 115 师师长林彪、副师长聂荣臻指挥进行了一场伏击战。这次战役充分发挥近战和山地战的特长，与日本号称“钢军”的板垣征四郎第 5 师团第 21 旅团一部及辎重车队展开了浴血奋战。此次大捷主要分为腰站阻击战、乔沟伏击战、争夺老爷庙等等，共计歼灭日军 1000 多人，有力地配合了阎锡山负责的第二战区正面战场的防御作战，迟滞了日本人的战略进攻，打乱了敌人沿平绥铁路右翼迂回华北的计划，极大地提振了我军的军心士气。

事实证明，没有不可战胜的敌人，只有不敢去战胜的敌人。没有打不赢的战争，只有不想去打赢的战争。敌人永远没有神话，我们要打破的，就是神话，中国人民军队用鲜血与忠诚谱写了属于自己的神话，让薪火永传，让神话永存，让士气与军心永远前进在充满信仰的道路上。

七律·东北抗日联军

（一）

守土横戈十四载，英魂多少入乡祠？
袭飞黑水屠凶虎，荡卷白山斩暴狮。
泥雪草皮充腹体，刀枪剑斧挂肩衣。
戮杀铁血非绝命，破地燃升立战旗。

（二）

古道风烟蹄踏草，长亭松水自稀荒。
英魂不死山河秀，壮魄无屈草木香。
敢守川疆穷血骨，誓开兵阵尽刀枪。
关东父老非残弱，直教倭妖下墓床。

作者感言：东北抗日联军是在中国共产党领导下的一支英雄部队，它的前身是东北抗日义勇军余部、东北反日游击队和东北国民革命军。在20世纪三四十年代，东北抗日联军奋勇抵抗日本侵略者，成功歼灭了日伪军18万多人，牵制日伪军60万以上，有力地支援了全国人民的抗日战争。在14年抗日史中，杨靖宇、赵一曼、夏云杰、李延平、汪雅臣、赵尚志等无数英雄将领牺牲在东北这片富饶的黑土上，他们可歌可泣的英雄故事被几代人传颂赞美。我们永远不会忘记那些为中国民族解放战争做出丰功伟绩的英雄们，他们永远是我们学习敬仰的模范。抗日战争，

是属于全民族的抗日战争，哪里有侵略，哪里就有反抗。哪里有侵略者的铁蹄，哪里就有革命军的刀剑，哪里就有中国人民英勇无畏、团结一致的斗争。这种斗争之火会永远在我们的心中燃烧，当侵略者踏上我们的土地，我们就点起这熊熊不灭的火焰，让战场变成侵略者的坟墓。

七律·八路军

（一）

晋绥鲁豫连察冀，直下雄兵百丈关。
万里丘峰为骨翼，八年风雪作衣冠。
蟠蜷化剑围孤阵，横纵成龙破逖山。
父老齐心封盾甲，军魂耿照凯旋还。

（二）

中原腹骨谁雄霸？敌背垂扎五百关。
远近无声风作剑，高低不见水为鞭。
大军雷涌开山斧，铁马云飞破浪帆。
八路横刀镰锷齿，瓮杀虏寇九旻寒。

七律·新四军

（一）

战旗猎猎升烽火，杀骋难平两道关。
剑甲惊雷开赣皖，鹏鹰骤电震江南。
铁军破阵劈狼首，虎将挥师踏马川。
大浪时来割舟棹，谁人血肉共撑帆？

（二）

鄂赣浙湘苏豫皖，铁军横纵尽难知。
卷沙气盖金装甲，泻浪声穿铁马衣。
月影侠风屠盗寇，晨光血刃斩倭旗。
鞘开锋锷三十万，直教秦淮作剑池。

七律·百团大战

（一）

边区故土烽烟起，八路军威震太行。
雷力摇天诛日狗，血心撼月斩倭狼。
杀风倒卷拔桥堡，战火直投炸路梁。
一百铁团横岳岭，晋南华北遍刀枪。

（二）

无道妖兵登虎口，齿锋急落碎尸烟。
百团潮浪袭云垒，一令风雷占月峦。
铁帅亲戎横战马，勇兵速战斩敌冠。
直驱日狗边门外，便教倭山变鬼山。

作者感言：在1940年下半年，彭德怀指挥八路军一二九师和晋察冀军区105个团20余万兵力，对华北地区河北、山西的日伪军发动了一次进攻性战役。这次战役共进行大小战斗1800余次，攻克据点2900余个，歼灭日伪军45000余人，给日伪军以沉重打击，鼓舞了中国军民抗战的斗志，增强了必胜打赢的信心。

军人生来只为两件事情，一是战争，二是和平。战争是发展的产物，和平是战争的结局。和平的代价是军人血骨的无私奉献，而战争的代价则是军人血骨的无悔抛洒。一个是奉献青春，一个是奉献生命，奉献无疑是军人一生都无法抛脱的词语，是军人一生都永恒坚守的真理。百团大战，从军事、军队、军人的角度及价值来讲，我们都是这场大战的胜利者，这是永远都不容置疑的打赢铁证。

七律·中国人民解放军

（一）

笔挺戎装融血热，残尘不卷送西风。
八年斩鬼驱倭散，万里收关迫蒋崩。
烽火狼烟人作垒，荒丘绝岭草为生。
兴衰自古连兵刃，宝剑长磨枕月锋。

（二）

声如雷电起苍烟，势若风云卷浪天。
漠火仍觉沙剑冷，雪川未感铁衣寒。
古时战骨山河葬，今日军心日月攀。
但使兵魂龙马在，横刀不怒自威严。

（三）

华夏兵师皆铁骨，冲天浩气破楼关。
长征万里残尸裹，久战八年碧血还。
壮士无屈崖堑险，英豪不恐腹身寒。
风云已载千秋史，不辱军魂续剑弹。

（四）

枪震南昌惊浩宇，拔刀亮剑挽山河。
军民血肉同击鼓，兵将心魂共奏歌。
横扫昆仑收域土，纵平川岳斩狼蛇。
戏称猛虎身残弱，直教金陵夜倒戈。

七律·上甘岭战役

（一）

邻邦有难当拔剑，直越雄关慑鬼寒。
坑道弹飞成战道，峰山炮卷变尸山。
英雄有血流疆死，铁骨无身抱月还。
忠烈虽眠埋外土，战魂不朽向晴天。

（二）

御风挟电八千里，刀弩挥横炮甲残。
枪火千钧焚寸骨，弹尘万丈炸微岩。
铁尸横卧积山垒，烈血喷飞卷浪川。
一斧劈舟何死惧？头颅半送鬼门关。

作者感言： 上甘岭战役中，美、韩军队调集兵力6万余人，大炮300余门，坦克170多辆，出动飞机3000多架次，对志愿军两个连约3.7平方公里的阵地，倾泻炮弹190余万发，炸弹5000余枚。战斗激烈程度罕见，特别是炮兵火力密度，已经超过第二次世界大战最高水平。我军在装备落后、粮草难继、兵员不足的艰难条件下鏖战43天，敌我反复争夺阵地达59次，击退敌人冲锋900多次，打出了国威、军威。在这次战役中，我军将士上演了无数可歌可泣的英雄故事，有舍身堵枪口的特级英雄黄继光，有双腿被打断仍坚持到最后一刻拉响手榴弹与敌人同归于尽

的一级英雄排长孙占元，有在生命的最后一息用自己的身体连接电路的通信英雄牛保才等等，这一系列的英雄人物用鲜血夺取了胜利、创造了奇迹、赢得了荣誉。上甘岭战役永远是我军战史上的一次辉煌胜利，上甘岭精神永远铭刻于我们心中，指引我们军人为胜利永远不惜奉献、不怕牺牲。

七律·对印自卫反击战

（一）

八面角弓连域土，风雷叱吼下西南。
雄兵飞峙云峰阵，劲旅踏平塞岳关。
令降劈拨千尺浪，锋开收卷万重山。
何惜麦线留污迹？战马冲出剩铁烟。

（二）

砺剑带河开锷齿，直削达旺锁关川。
峰云倒挂身为马，水浪飞拍骨作帆。
淬火急雷开夜宇，老林绝壁化穹烟。
雄师铁将非昔比，崔嵬门前斩弱残。

七律·珍宝岛自卫反击战

（一）

疆域接临多战事，争端无止起兵戈。
臂挟弹火轰钢炮，腰裹枪雷炸铁车。
千尺狼身埋雪域，万钧虎甲坠冰河。
军威不朽国威在，一战称雄共凯歌。

（二）

铁甲机装封纸虎，拔刀亮剑碎苏师。
驰飞雪地接关月，断破冰河跨战蹄。
弹雨穿横拔火点，血泊倒落竖国旗。
铁衣百战非王圣，悍守边疆刻史词。

作者感言：珍宝岛自卫反击战是中国人民解放军边防部队在珍宝岛击退苏联军队入侵的战斗。1969 年 3 月，苏联军队几次对黑龙江省乌苏里江主航道中心线中国一侧的珍宝岛实施武装入侵，并向中国岸上纵深地区炮击。战斗于 1969 年 3 月 2 日开始，苏军派出巡逻队挑衅，被我军伏击打死打伤数十人。3 月 15 日和 17 日，中苏双方的边防部队再次发生武装冲突，战斗过程中，苏军动用了坦克、装甲车、飞机等先进武器，我方动用了反坦克炮、火箭筒，经过双方惨烈战斗，中国军队获得最终的胜利，苏联入侵军队被歼灭大半，苏军被迫撤离珍宝岛。值得一提的是，当时苏军先进的主战坦克 T-62 被我军缴获，现该坦克存放于中国军事博物馆。

七律·老山战役

（一）

霞云冷寂风萧莫，一火冲天万箭发。
滚滚硝烟遮日月，隆隆炮雨盖星花。
倒轰峰谷石掀浪，直扫丘山血卷沙。
利刃锋刀狭路错，焚身骨碎亦绝杀。

（二）

老山十载刀风雪，枕战军衣久不还。
千雷弹火攻狼阵，万马枪弓破鬼关。
碧血长奔飞松岭，英魂不朽哮阴山。
漫天碎肉接残臂，遍地腥风染红烟。

作者感言：1979 年 3 月，我国取得了“对越自卫反击战”的胜利。不甘心失败的越军多次向中国境内农场、学校、村寨开枪开炮，发射各种炮弹 4 万余发，打死、打伤我边境军民 235 人，迫使边民离开家园，52 所学校被迫停课。为保卫祖国领土和边疆群众生命财产的安全，中国人民解放军昆明军区于 1984 年 4 月 28 日分别向老山、者阴山一线越军发动进攻，经过 18 天的浴血奋战，收复老山、者阴山。由于老山地理位置的战略重要性，越军多次派兵争夺，我军誓死捍卫，坚决不让越军踏上我们的领土。老山战役，前后历经十年之久，我们多次击退侵袭，仅

在松毛岭一次战役中，就有3700多具越军尸体横躺在山中，这种血腥的场面至今令人恐惧胆寒。同样，又有多少我军官兵的心跳永远停止在老山。战争永远是流血的，流的永远是军人的血，用军人流下的血换来人民不再流血，用军人流下的血换来人民不再恐惧，用军人流下的血换来祖国的疆土不再被分割。

七律·两弹一星

（一）

国自图强攀浩宇，何须仰首看他峰。
高山大漠穿石雨，远水荒丘斩雪风。
寒灶宵衣撑腹骨，晴云晚夜立烛灯。
此朝星剑朝天起，敢教中华伴月升。

（二）

浪客飘摇魂何在？不归故土死不休。
身心百战云雷滚，星剑一飞莽野收。
攀跨无须分漠岭，耕耘何必划春秋。
二十三将齐滴血，自有清魂可洒留。

作者感言：“两弹一星”是新中国伟大成就的象征，是中华民族的骄傲。20 世纪 50 年代中期，刚刚诞生的新中国百废待兴，为了针对国际核讹诈形势和迎接军备竞赛的发展趋势，以毛泽东同志为核心的党中央第一代领导集体毅然作出发展原子弹、导弹、人造地球卫星，突破国防尖端技术的战略决策。1956 年，研制氢弹、原子弹被列入中国的 12 年科学技术发展规划，1964 年 10 月 16 日 15 时中国第一颗原子弹爆炸成功；1967 年 6 月 17 日上午 8 时中国第一颗氢弹空爆试验成功；1970 年 4 月 24 日中国第一颗人造地球卫星发射成功，使中国成为第五个发射人造

地球卫星的国家。“两弹一星”事业所取得的巨大成就，是中国人民挺直腰杆站起来的重要标志，极大地鼓舞了全党、全军、全国人民的斗志，增强了民族凝聚力，激发了全国人民振兴中华的爱国热情。

我们要铭记“热爱祖国、无私奉献、自力更生、艰苦奋斗、大力协同、勇于攀登”的“两弹一星”精神，并将“两弹一星”精神付诸实践。也将永远不会忘记王淦昌、邓稼先、赵九章、姚桐斌、钱骥、钱三强、郭永怀、钱学森、吴自良、陈芳允、杨嘉墀、彭桓武、朱光亚、黄纬禄、王大珩、屠守锷、陈能宽、程开甲、王季希、孙家栋、任新民、周光召、于敏等二十三名为“两弹一星”建立功勋的科学家，他们的名字将彪炳千古，他们的故事将永远激励中国人为民族复兴、为国家富强而不懈奋斗、勇往直前。

七律·神舟飞船

（一）

剑火挟雷穹宇路，旗光敢作九霄灯。
飞拔万里扶摇上，摇撼千钧气势横。
倒挂云关召日月，直插星际踏鲲鹏。
不知巅界为何处？俯瞰峦山尽渺峰。

（二）

不信苍穹能困我，中华旗舞挂天峰。
雄鹰腾跃祥云啸，神剑飙飞烈火升。
但使龙鹏开月宇，岂留狼虎锁征程。
丹心犹砺千钧骨，铁翼封身任纵横。

作者感言：神舟飞船是中国自行研制，具有完全自主知识产权，已经达到或优于国际第三代载人飞船技术的飞船。20年来，从“神舟一号”宇宙飞船到“神舟十号”宇宙飞船的成功发射，足以说明我国航天技术能力已处于世界领先水平，同时也标志着我国科研实力、国防能力以及综合国力近年来整体提高，充分展示了中国人民为实现民族伟大复兴的坚强决心和不摇斗志。杨利伟、费俊龙、聂海胜、刘洋、翟志刚、刘伯明、景海鹏、刘旺、张晓光、王亚平等杰出宇航员同广大宇航科技工作者以及发射任务保障人员，为祖国航天事业所做出的贡献将永被铭

记。一代代神舟飞船飞向云霄、划破苍穹成功的那一刻，振奋了祖国人民的精神，提升了全国人民的士气，让全民族都热血沸腾。在未来科技强国、军事强国的道路上，必然有属于中国胜利的坐标，浩瀚无边的宇宙也必然插满国旗，永远鲜红高扬。

七律·九八抗洪

（一）

龙叱强雷击万里，山河南北挂云帆。
百临剑雨轰桥垒，一泻石流卷坝田。
大道华街飞浪滚，偏村野巷落川延。
战洪当止寒悲泪，生死兵民共月天。

（二）

山河悲泣龙云啸，一泻西南跨北东。
直卷楼桥归瀚海，倒拔峰谷挂苍穹。
钢身迎浪天雷泣，热血流江水夜红。
人子民兵犹作箭，乡众亿万掌长弓。

作者感言：1998年夏，我国江南、华南大部分地区及北方局部地区普降大暴雨或特大暴雨。长江干流及鄱阳湖、洞庭湖水系、珠江、闽江和嫩江、松花江等江河相继发生了有史以来的特大洪水。受灾人数众多、地域之广、历时之长，世所罕见，在党中央和国务院的英明领导和决策之下，数百万军民众志成城、凝心聚力，面对洪涝灾害不畏艰险、挺身而出，谱写了一曲曲军民真情壮美的赞歌。在整个抗洪救灾抢险过程中，我军演绎了一幕幕真实感人的恢宏篇章。抗洪英雄李向群，先后四次晕倒在抗洪大堤上，在身负重病的情况下，毅然拔掉输液瓶，投身在抗洪

抢险的第一战线，最后终因积劳成疾，永远地倒在了抗洪前线，也永远活在了人民的心中。英雄高建成，在洪浪飞涌的急流中，先后救出8名群众，体力已经完全耗尽，但他并没有选择后退，而是用尽最后一分力气与洪水继续周旋，当他将新战士刘楠推到大树边时，战友的生命被挽救了，自己却被洪水永远地卷走了。

习近平主席讲："民心是最大的政治，正义是最强的力量。"我们中国人民解放军来自于人民、深受人民的养育、深受人民的厚爱，我们是光荣的人民子弟兵。我们存在的目的就是为了服务人民和保卫人民。民兴则国兴，国兴则军强，军强则国强，国强则民兴。军队与人民永远是鱼和水、唇和齿之间的关系。我们中国人民解放军永远做中国共产党领导下的属于中国人民的军队，永远为人民而战。

七律·古田精神

（一）

千秋云涌今时聚，万里惊涛枕浪冲。
经卷略谋为盾甲，笔舌思教若刀弓。
气出兵魄关山震，旗展军魂月夜红。
忠党不移封固骨，剑凌绝顶贯长空。

（二）

剑刀斧钺魂归党，断碎残焚骨正乾。
阳火燃心磨铁刃，清风卷魄扫污烟。
梦牵昔雪冲峰垒，足踏明潮破浪关。
万丈旗云飞贯日，海涯沧月遍红天。

作者感言：2014年10月30日，全军政治工作会议在福建省上杭县古田镇召开，中共中央总书记、国家主席、中央军委主席习近平出席会议并发表重要讲话。习主席指出，要加强和改进新形势下的我军政治工作，要做好五个方面：第一，着力抓好铸牢军魂工作；第二，着力抓好高中级干部管理；第三，着力抓好作风建设和反腐败斗争；第四，着力抓好战斗精神培育；第五，着力抓好政治工作创新发展。我们作为当代革命军人，必须始终铸牢军魂，在理想信念上毫不动摇，全面深入贯彻古田会议习主席重要讲话精神，以更强的忧患意识和韧劲狠劲持续推动改进自身作风建设，务必做到在政治上永远合格。

七律·2015大阅兵

（一）

亮剑今夕召日火，尽出杀锏慑昆仑。
鹏鹰掠扫掀云涌，虎豹击腾叱雾浑。
兵魄无屈生战骨，将风不朽孕忠魂。
横刀岂负玄黄令？断破沧流化作鲲。

（二）

汪洋倾泻排龙阵，健步迎旗展血颜。
倒挂蓝川袭云落，直击绿浪卷雷寒。
无眠虎魄披金甲，久战鹰魂放铁烟。
百鉴忠心声壮啸，破穿穹宇荡河山。

作者感言：2015年9月3日，我国举办了纪念中国人民抗日战争暨世界反法西斯战争胜利70周年大阅兵活动，这次大阅兵昭示了中国人民不要忘记历史、不要忘记战争、不要忘记悲剧、不要忘记革命人民浴血抗战的峥嵘岁月。警醒我们要永远伸张正义，永远为巩固胜利果实而努力，永远为维护国际秩序和平有序发展而努力。为和平而努力的同时，我们也会不遗余力地加强国防建设，加强作战打赢的能力，加强适应现代化军事发展的步伐，我们永远是一支为战争而生、为和平而战的中国人民解放军，为保卫祖国人民无私奉献、不惧牺牲。

七律·航空母舰

（一）

耻向外将借刀枪，自立鲲鹏镇海疆。
怒水犹惊庞巨骨，狂雷不遇铁金刚。
巡天倒卷击星斗，坐浪横冲上月床。
驭统白蓝连浩宇，万千礁屿竟微茫。

（二）

敢下江流阔远程，深蓝浩瀚尽艨艟。
长缨入海雷烟滚，利剑翻江旗鼓升。
扫尽尘霾压铁浪，破开航道驭罡风。
沉浮万里谁辽阔？穹顶云巅任纵横。

导读：2012 年 9 月 23 日辽宁号航空母舰在大连举行交船仪式，2017 年 4 月 26 日上午中国第二艘航空母舰在大连举行下水仪式。建造航母是中国现代化的建设需要，是捍卫国家利益的需要，是国防建设在新形势下的必然。中国建造航母圆了中国海军几代人的梦想，它是民族力量的展现，更是大国崛起的象征。

七律·老兵

（一）

风烛荡卷燎原火，照破昏沉起马烟。
追饮藏南腥血雨，再拔松岭铁门关。
可怜壮骨碑砖冷，不恨霜身日夜寒。
剑许溪川归入海，老刀久刃复经年。

（二）

封钩收盾绝云岭，不朽刀锋立铁诗。
垂躺一身折战骨，洒流两泪断青丝。
恨酌日月功勋酒，喜下春秋楚汉棋。
祖辈江河归有计，腰弓背箭马奔驰。

七律·军改感言

（一）

不知烽火何时起？八尺胸肩寡剑痕。
月夜云升思号角，晨时风扫念征尘。
眷收利甲插铮骨，难舍狂刀跨铁身。
岂把刃锋收盾鞘，再开山岳马石奔。

（二）

青丝雪鬓埋尘土，愿作卒兵不作侯。
怅望北川刀刻恨，冥思南海剑生愁。
眼前倒映千峰岳，梦里横穿万里州。
若有疆图燃战火，再别花月带吴钩。

七律·火箭军

（一）

横持杀锏扬胸骨，笑看狼狐尽渺微。
万谷撼摇升地火，一声咆哮降天雷。
倒击云海割鹰首，直捣星帘斩月眉。
华夏春秋奔不朽，神弓长剑铸丰碑。

（二）

发愤图强笼垒破，外兵非倚自更生。
五十雪月垂沙谷，八万云程揽月锋。
载剑核常飞浪卷，挟弓井乘遍州横。
时朝箭火拔飙焰，已破雄关向日登。

作者感言：中国人民解放军火箭军成立于2015年12月31日，火箭军的成立是党中央和中央军委着眼实现中国梦强军梦而做出的重大决策，是构建中国特色现代军事力量体系的战略举措，是奠定铸牢中国国际地位的重要基石。中国人民解放军火箭军前身是第二炮兵部队，成立于1966年7月1日，由毛泽东主席批准，周恩来总理亲自命名，始终由中央军委直接掌握，是中国实施战略威慑的核心力量。主要担负遏止他国对我国进行核讹诈、核打击和常规导弹精确打击任务。在创业初期，二炮部队在缺技术、缺人才、缺设备、缺粮草的艰难条件下，自力更生，

艰苦创业，完成了一项项的任务，攻克了一个个目标，创造了一个个奇迹。这支部队为保卫国家的安全，为中国国际地位的奠基都发挥了重要作用。五十年风霜雪月，八万里风雨征途让这支部队不断地成长壮大，今天已经成长为一支随时能战、准时发射、有效毁伤的现代化高科技部队。习近平主席在对火箭军的训词中强调："中国人民解放军火箭军是我国战略威慑的核心力量，是我国大国地位的战略支撑，是维护国家安全的重要基石。火箭军全体官兵要把握火箭军的职能定位和使命任务，按照核常兼备、全域慑战的战略要求，增强可信可靠的核威慑和核反击能力，加强中远程精确打击力量建设，增强战略制衡能力，努力建设一支强大的现代化火箭军。"火箭军将永远忠于党、忠于祖国、忠于人民，为保家卫国而勇践使命，为强国强军而奉献青春，为打赢战争而枕戈待旦。

七律·长城

（一）

秦唐盾甲明时阵，纵横绵延九百关。
西扫沙刀垂漠岭，东临雪剑贯林川。
千年烽火尘砖冷，万里蹄烟血骨寒。
不问长城谁好汉，古来征踏几人还？

（二）

龙骨蜿蜒腾万里，岂容贼寇与争锋。
铁关伏跨垂天岭，大道盘旋化地峰。
古有才雄谁踏越？今留狂客敢攀登。
王朝兴废春秋复，唯见长城任纵横。

七律·岳飞

（一）

直下黄龙割虎首，雩雩金阵鼓旗寒。
挟刀箭雨弓开浪，卷电枪雷盾化烟。
死倚忠魂归诏令，生抛铁骨洒疆关。
一时冤难何思恨？终有清名万古传。

（二）

生当无悔身为剑，化痛为刀枉作愁。
布阵兵横八百路，立旗火卷五十州。
偏锋百扫割狼骨，利刃一开斩虎头。
虽破雄关峡谷落，可怜失地几时收？

七律·忠烈

（一）

滔滔战血飞旗月，倾泻山河尚有温。
收鞘吴钩犹哧吼，卧江甲胄尽吟呻。
梦思雪马开新宇，眼看风蹄卷旧尘。
岂厌春光无限暖，寒冰多少葬冬人？

（二）

仲卿景桓常游梦，鹏举南塘似旧知。
惜恨铮骨埋厚土，可怜雪鬓送青丝。
牛开玉宇风雷舞，死教清明雨浪袭。
今枕英魂鞭血魄，东风破阵不归西。

七律·火箭兵的心

（一）

冷寂独撑八万里，难观日月忘时朝。
骨磨斧钺击沧浪，血砺心魂上碧霄。
破踏岭丘飘影远，残登川野引声高。
挟弓掌剑非空语，天降神刀斩鬼妖。

（二）

万丈辉雷出浩野，波涛劲血尽驰奔。
剑腾烈焰飞天远，雪卷寒风绕谷深。
直跃晴天云露骨，倒击晚夜月生痕。
待观万里雄关道，只见朝阳不见尘。

七律·中原火箭兵

（一）

百尺硬弓今握手，一出霹雳震昆仑。
天遥迅斩丛林虎，地险急屠碧海鲲。
雷火晨飞冲红日，电光夜闪破暗昏。
胸心峰岳身刀剑，不朽青春见铁魂。

（二）

伟业臣勋非化土，功名不朽载清芳。
深情若水击峰岭，大爱如潮卷月光。
久战春秋身骨硬，遥思乡眷泪花香。
壮心不老终无死，铁墓横疆立剑旁。

七律·送战友

（一）

战气狂音雷鼓啸，杀声伴梦入边山。
出师不怕穿云路，斩将何忧破血关？
风雪千寒藏胸骨，草花一瞬落泪烟。
今朝誓语军旗下，震彻长空五百年。

（二）

犬马长鸣声壮啸，水天急涌染风清。
仰空当忆昔时月，对镜犹思旧日星。
惊卷沙川千丈雪，怒击江海万层冰。
非言残断戎装梦，万里天涯立帐营。

七律·出征

（一）

沙吼鹰击雷马啸，风开几度慑云寒。
踏川倒握云峰剑，越水直摇雪浪鞭。
但使征身埋峻岭，却留战骨葬雄关。
万斤热血终须洒，流尽江山日月沾。

（二）

浓密阴风激恨骨，霾尘不染血飞腾。
刀焚塞岭攻绝顶，剑扫关山荡铁风。
战气狼烟穿日火，狂雷虎鼓引潮声。
莫愁岳海兵师寡，旗卷惊天万马征。

七律·相思

（一）

飘飞千里人追梦，冬雪春枝复又生。
默看草花思旧树，独留江岸念昔风。
雨哭止泣云积泪，月诉无言影作声。
不晓夫身何处葬？妇当跨马复西征。

（二）

寒阁空宇唯琴曲，鸟雀闻音久泪潸。
冷夜无期连雪鬓，冰峰有际挂穹天。
子时良月穿云秀，春日娇花透雨残。
不见三秋隔浪海，却留身骨化舟帆。

七律·雪

（一）

雄峰铁岭遥无见，直染神州四海平。
海内尘沙归浪扫，天涯霾雾伴风行。
挟龙卷地山河秀，抱玉袭天日月清。
尽舞苍茫八万里，草花枝柳化军兵。

（二）

银剑迟来惊浩宇，苍茫沉寂唤波澜。
滔滔玉浪击妖气，滚滚风刀斩鬼烟。
废垒荒丘无旧色，残垣断岭换新颜。
春秋腾卷诛尘垢，遍立旌洁向日天。

七律·致青年

（一）

浪飞沧海东流逝，大业春秋少正时。
铁剑佩身锋向月，香花藏袖蕊连诗。
非惜红日晴空转，莫叹飞星暗夜移。
北野南林唯壮马，云边踏卷伴飞驰。

（二）

醒时散尽愁悲事，梦里多情忆韶光。
厌看妖花生色乱，烦听鬼曲奏音狂。
英魂断骨增炎火，污魄割皮挂雪霜。
万代风华非有恨，再出新日看东方。

七律·探军区干休所有感

（一）

一生戎马枪雷啸，碧浪长川莫阻隔。
暴雨迎头斟烈酒，冷风卷面起狂歌。
寒灯照夜思关岭，绮梦扬帆渡月河。
老骥横刀生壮骨，再冲敌阵破兵车。

（二）

花柳韶华棺骨止，凡生沙垢几分金？
少时百炼生豪气，老岁千磨卷叱音。
应舍闲情风月骨，誓怀壮魄剑刀心。
春秋刹短雷烟逝，静远飘香溢史林。

七律·雨夜感言

（一）

少岁路艰多寂苦，唯挟刀剑化诗书。
酒来陋舍应觉暖，雪落寒床莫自孤。
鹿死耻食枯草叶，蜂饥恨采败花株。
贫身虽处伤时地，亦展清风伴月出。

（二）

扛顶千钧凭铁臂，诵读万卷倚残烛。
丈涯梦里江天远，寸土身前草木枯。
独用寒餐风入夜，默持重笔泪沾书。
时逢年少应息恨，待破雷烟抱月珠。

七律·公仆

（一）

少时笃志思经史，祖逖希仁义刻心。
铁骨横疆忠泰岳，慈心载土孝夫民。
甘当朽叶增丝绿，愿化枯石厚寸金。
耄耋风年存浩气，一声叱吼卷天音。

（二）

云飞浪涌人依旧，鬓上额眉染雪霜。
血落春秋开业道，足奔辰月拓丘荒。
寒沉雪夜托孤影，雷动风天孕暗香。
一片丹心出水镜，海潮万里映霞光。

七律·国耻

（一）

国倚自强除耻恨，岂容外货掠今时。
靖国龛里妖生舞，政史书中鬼唱诗。
铁剑不折藏盗骨，野心犹在刻菊枝。
中华旧辱仍滴血，天下齐心布阵棋。

（二）

少知百载中华耻，欲报仇雠快马鞭。
北岭峰渊生烈火，南林原野荡余烟。
双七血债藏心恨，万里枪痕刻骨寒。
狐狗今朝敢拜鬼，直把鬼府变尸山。

七律·保家卫国

（一）

卫国炮火沾云月，千里横尸碧血寒。
挟剑驱沙平虎穴，挥刀越水扫龙潭。
雄关铁骑奔血岭，狭路残兵遁远山。
战火通红旗卷日，贼人弃甲向西天。

（二）

军民协力卫疆土，众志成城转乾坤。
寒夜挎枪追匪寇，冷冬飞剑剿伪军。
皮开肉绽当无悔，骨断身残志不摧。
侵者应为刀下鬼，头颅祭月慰英魂。

七律·战友

（一）

耳边回荡激昂语，再展英姿队列前。
同饮杯中豪气酒，共食锅里壮怀餐。
人生漫道勤激励，军旅长途敢谏言。
洒泪今朝齐看月，深情仰首壮胸肩。

（二）

聚时少壮凌云志，几卷霜风几度烟。
大漠雪原同铁马，冷冬日夜共寒餐。
我之挺立君为骨，君若攀登我作肩。
莫道今逢唯洒泪，再披战甲五十年。

七律·出师

（一）

将有雄魂兵有魄，八千棹桅挂征程。
冲飞铁骑掀尘浪，摇撼花石化丘峰。
大野平沙拔血剑，长歌金鼓奏刀声。
鸣骹齐放朝天射，不晓云端有几层？

（二）

咆哮声起拨云雾，策马扬鞭碾碎山。
电闪雷鸣逢烈火，狼侵虎扰卷烽烟。
身行朝暮风飞宿，蹄踏江河雪落餐。
铁骑横驰开大道，险川万里笑谈间。

七律·岗哨

（一）

不缩傲骨唯昂首，铁打胸膛丈尺宽。
虎力握枪激血热，剑光藏目慑敌寒。
仰瞻日月风为友，挺立秋冬雪作餐。
站为红旗插翅翼，飞升不倒卷云天。

（二）

威风八面边门外，脚踏雄关寸不移。
鬼怪妖魔无敢入，豺狼虎豹莫当袭。
冲天暴雨攻寒骨，席地狂风卷铁衣。
报效刀枪时握手，戎装笔挺立朝夕。

七律·登峰

（一）

非愁铁索岧峣路，力斩沟峰岳谷渊。
战血翻腾扬土浪，军魂咆哮卷石川。
快刀剑戟拔天岭，铁雪风雷破月关。
亿万蹄痕封史骨，九重之上遍青山。

（二）

青云平步难封本，一步一阶品更高。
绝岭狂风掀树骨，险峰乱石卷波涛。
非愁古道修当远，但羡前人站更牢。
攀到九天瞻日月，神州一览尽微渺。

七律·夜战

（一）

日沉万籁三更夜，蹄卷风击扰梦天。
滚滚硝烟穿弹雨，萋萋蔓草沃尸山。
头颅刺破飞剑断，莽地掀翻铁马残。
必倚长刀锋向月，丹心染血映光寒。

（二）

营门帐外鸣金鼓，将士飞横裹电急。
不见锋刀劈铁骨，但知利箭射冰蹄。
千钧烈火撕金甲，万丈寒光照血衣。
唯看黑残南北道，剑枪开路任东西。

七律·铁军

（一）

十年望月不望乡，铁骨为国枕刀枪。
浑日霜天击雪溅，赤烟莽地卷沙狂。
三山碧海藏刀火，五岭奇峰染血光。
拔剑摇旗出霹雳，杀声咆哮震玄黄。

（二）

黄龙直捣诛贼寇，万马千刀末路逢。
壮士险峰拔虎齿，大军绝地碎石棱。
剑穿壁垒飞岩落，蹄扫江渊铁印生。
远近无分白羽立，袭天叱吼伴风横。

七律·军演

（一）

雄狮猛虎朝天起，飞马蛟龙踏月奔。
光照远空石似雨，磁冲浩宇弹如针。
千帆巨浪翻东海，万里长缨射北辰。
烈火飓风如电掣，山崩地裂日留痕。

（二）

扶摇直上风为翼，荡卷江河水作帆。
猛虎踏山惊岭岳，狂龙破浪泻潮烟。
鹏鹰倒挂掀云月，剑甲穿飞炸海天。
一扫纵直无险阻，千雷叱咤傲胸肩。

七律·征人

（一）

金戈铁马卷梦烟，钩叉斧钺赴边关。
飞沙尽扫尘遮日，落雪狂飙雾染天。
枪火轰鸣飞血海，马声叱咤颤云巅。
大江四海堆白骨，万物生情雨夜潸。

（二）

仁师千日磨弓角，不恃兵强乱弩张。
敢抛碧血刀开路，尽饮狂沙漠作床。
追云跨剑观晨色，披甲扬鞭赏夜光。
铁马疾风埋盛景，征人一过落残荒。

七律·兵魂

（一）

百年华夏多奇难，藏恨刀枪枕在肩。
握戟横戈昭日月，扬鞭跨马踏风烟。
除倭不枉豪情在，斩寇何思岁月迁？
自古兵魂连社稷，雄心炽热暖江山。

（二）

头枕刀风连角鼓，梦披金甲待出关。
英雄有战挟颅破，壮士无归裹骨还。
八万剑飞飙雪雨，十年蹄掣踏云烟。
生当忘死横杀场，死亦如生卧岳山。

七律·文将武风

（一）

鬼谷神才非断落，孔明忠略尽长延。
骨身屹挺连兵帐，魂思飞移绕岳山。
笔墨挟雷掀浪海，书辞拔地指钩天。
武身疆场丰功载，文将韬谋万古传。

（二）

庭阁高阔冲眉宇，日月沾辉丈尺深。
孔略孙韬牢斧甲，秦弓汉戟入书文。
烛帘引火生沙影，墨砚迎风扫剑尘。
慧眼妙观天下事，将才不朽铸兵身。

七律·龙

（一）

巨骨仙姿融九兽，金肤剑齿孕禅心。
长空踏顶逐云啸，浩宇登巅向月吟。
川海盘横生碧水，峰山伏卧厚青林。
颂传万载非虚幻，不朽神魂贯古今。

（二）

狂卷唇须飙箭雨，怒伸爪齿泻雷洪。
九千浪溅排云海，八亿风横撼宇空。
巨骨潜渊生岭岳，金鳞出水绽霞虹。
凡尘转降非俗客，拂孕山河万古松。

七律·虎

（一）

日隐月出迎剑戟，齿痕血刃挂征途。
动挟急电云雷滚，静碾丝音草叶枯。
千步穿飞擒角首，一招踏斩断咽颅。
风骚霸统唯独领，山岭枭雄百战孤。

（二）

雷目圆睁挟电火，惊声叱吼震鲲龙。
爪风狂扫拔枪柳，齿刃怒铡碎剑松。
冲卷浪川食鳄蟒，踏飞岭堑斩狼熊。
铁眉王字封额首，战血惊横万里红。

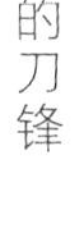

七律·公主岭

（一）

绵恒辽水非急啸，铁壁岩山久翠芳。
浩宇云穹飞秀碧，莽川谷野卷金黄。
岧峣古道迎雷火，蹊隧新峰碾雪霜。
诗魂武魄封血骨，才雄百万揽龙光。

（二）

寸土犹沾英烈血，关山旧岁马尸横。
八千武举挟雷降，九万文昌抱月生。
凤落霞枝托绿野，龙居碧水卷清风。
天涯公主当息泪，不朽真情海角灯。

作者感言：吉林省公主岭市是我的家乡，其因响铃公主传说而得名，地处吉林省中西部，东辽河中游右岸，其地域广阔，北宽南狭，宛如一弯新月，依傍在东辽河畔，是一座美丽富饶的小城。2013 年 11 月，公主岭市正式成为吉林省直管县试点城市，被赋予地级市经济和社会管理权限。2014 年，公主岭市位列全国百强县第 93 名。2015 年，公主岭市获批全国中小城市改革试点（全国共 61 个试点地区）。公主岭历史悠久、文化底蕴丰厚、交通快捷便利，其农业产值多次位居全国县级市首位，有“玉米之乡”“诗词之乡”“田径之乡”等美称。在抗战年代，公主岭

人不屈不挠，在中国共产党的领导下与日寇抗争，这里也是抗日英雄马占山和爱国民主人士杜重远以及众多革命英烈的故乡。解放战争时期，著名的四平战役也曾在这里洒下不朽的血迹。我坚信未来将会有更多的民族才雄出生在这块风水宝地，也将有更多的传奇故事在这里上演并广为流传。如今的公主岭人遍布神州大地，他们对家乡的爱炽热而永恒。正如出生在这片热土上的著名歌唱艺术家李玉刚所唱：“岭上公主，公主岭上，白山黑水，我的家乡……”这充满真爱的旋律是每一名公主岭人对家乡最真挚朴实的情感。

七绝·三严三实

严以修身

（一）

可怜世上多迷乱，多少才雄断骨梁。
当以此身为利剑，不弯不曲显锋芒。

（二）

莫道世人多富贵，几分血骨几分刚？
不贪俗物心魂净，倚守高洁蕴雅芳。

严以用权

（一）

脚踏川山头顶日，一出权令扫尘霾。
躬身为政勤民事，自有清风不尽来。

（二）

不以权官开祸乱，公仆公道在人心。
盖留铁印封私本，必有污名刻史林。

严以律己

（一）

晨时观镜修衣正，晚夜思贤净渍身。
当以我心沾水玉，丝污不染碾微尘。

（二）

正人目秀神光聚，阴者难眠晚夜戚。
百丈胸膛扎铁尺，不偏正道寸毫厘。

谋事要实

（一）

铁骑顺驰唯百里，雄鹰翼满可翱翔。
前行迈步知深浅，不驭云风跨海江。

（二）

开疆拓土应知路，来去无功破铁鞋。
不可望山先望顶，踏实足下第一阶。

创业要实

（一）

雄关拔越非一日，蹄印黉学化铁金。
万马千军称霸业，欲知轻重看民心。

（二）

广厦巍楼钢骨立，参天巨树铁根盘。
敢称伟业非一世，再挺潮头五百年。

做人要实

（一）

几度风云磨利剑，一夕入世染污尘。
若生心鬼惊魂骨，夜里残宵梦不温。

（二）

逶迤绝岭春秋道，车马难留烙印横。
草木思衰人亦老，去时何不剩清风？

七绝·延安精神

（一）自力更生　艰苦奋斗

火骨纷飞燃万里，草魂拔挺破千岩。
雄心傲振当追月，不怕狂风暴雪寒。

（二）全心全意为人民服务

我比鱼儿民似水，相依相伴共纵横。
真情大爱抛江海，搏浪舟船必顺风。

（三）理论联系实际　不断开拓创新的精神

不以书经封铁论，当因时境定方圆。
今朝跨骑飞峻岭，明日挟雷到月巅。

（四）实事求是的思想路线

不可凭眼观日月，更开健步踏朝夕。
十分筋骨撑天地，纵览全局布阵棋。

七绝·军人的根

（一）忠党忠魂

大江鲜血托旗艳，月照风洪不尽来。
烈骨忠魂红日色，赤心不悔向阳开。

（二）报国无私

江川浪海奔流啸，域谷峰林日月升。
苍茫神州拔剑戟，虎鹰狼犬莫嚣横。

（三）履责为民

待旦枕戈忠父老，横驰关月孝爷娘。
叶花卷雪同枝骨，鱼水迎风共浪江。

（四）爱岗敬业

朝火未熄连夜雨，唯留剑魄荡关渊。
非遗寸敝积残陋，必斩丝污断患寒。

（五）铭史忆恨

常思浩宇春秋月，不忘先贤齿骨寒。
大漠江川八万里，山河几处血无沾？

（六）不辱名节

马骋关山埋岭谷，兵行疆场几人归？
剑插胸口终无憾，留待青名染日辉。

（七）凝血聚气

倒击浪海掀云涌，直扫风雷破日昏。
敢握峰山为利剑，横眉一怒斩昆仑。

（八）求荣载誉

污泥不染星肩处，鲜血滴滴落铁营。
应仰头颅瞻烈墓，不弯脊背向虚名。

（九）使命扛肩

朝晨夕水怀国愿，日月冥思望宇空。
不悔刀戈沾血土，兴亡载恨造兵雄。

（十）无悔奉献

足卷云涯身在谷，春明未过又逢冬。
十年悲雪磨天刃，万里银丝砺角弓。

（十一）创新立异

广栽才骨脱俗旧，擅纳奇思拓路宽。
一刀劈斩开仓米，不尽新香透远天。

（十二）勠力团结

微声齐吼惊雷卷，滴水积川捣浪天。
一立铁旗拔剑令，血衣尽染万军颜。

（十三）自强不息

胸骨乾乾颃对月，烈风稍逝雪寒来。
泥中一草非柔嫩，终破岩峰向日开。

（十四）严谨求实

剑刀握手胸怀梦，莫跃苍穹竟月急。
愿化鹰鹏封翅骨，耻学蝶雀挂飘衣。

（十五）奋勇争先

挟雷电掣空极远，破雾排云斩月关。
敢作蛟龙出浪海，水风万溅碾污烟。

（十六）笃志胸骨

身贫不软锋刀骨，面陋非融厚粉浑。
莫叹足前溪水弱，心连江海自昆仑。

（十七）纯德立道

生来本是烽烟客，尽孕柔花雪月情。
愿化祥云环浩宇，神州万里染风清。

（十八）精韬通略

甲兵粮马皆生道，山岳川河化万军。
不以书经封固论，风帆握掌变乾坤。

（十九）夯业精武

剑生锋刃当沾血，铁化真金百炼出。
弹扫不虚穿白孔，透穿浪谷斩敌颅。

（二十）清正廉洁

当年旗下发盟誓，热血为霖骨化松。
耻以财食丰体腹，清名碑刻后优隆。

（二十一）英勇无屈

人马旗颅悬剑钺，忘觉铁刃几分寒？
千斤热血终须洒，染尽江河贯月天。

七绝·新四有军人

（一）有灵魂

战鼓挟雷击浩宇，军心叱吼震昆仑。
老山染血横忠骨，朝火焚身铸党魂。

（二）有本事

跨马持弓披战甲，百经雪夜哪知寒？
箭飞弩振千鹰落，斧砍刀横万兽残。

（三）有血性

兵以剑刀耕沃土，烈名忠骨染春秋。
钢身不倒长城立，铁血狂奔碧海流。

（四）有品德

不以私心兴业道，当弘大义振国邦。
保家固土身先死，留待德名入海江。

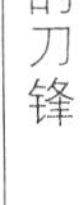

七绝·教育感言

（一）深悟战略

铁浪急流冲旧垒，直腾万里卷波涛。
观潮仰日知航向，挟剑扬帆上碧霄。

作者感言：战略，是一种从全局考虑谋划实现全局目标的规划，它不是为短时间目的而制定的，而是一种为实现长远伟大目标而制定的一系列措施方案。深悟战略是对全军改革发展战略的深度理解和重点掌握。我们要在方向上按照全军整体战略要求前进，重点学习领悟习近平主席改革强军一系列重要讲话精神指示。在思想上与行动上和党中央、中央军委保持高度一致，确保改革深入实际、深入基层、深入官兵心魂，确保改革工作扎实有效。

（二）拥护改革

大道横驰笼圈破，登峰踏月染新光。
战时百死拼疆场，剑卷晴风报自强。

作者感言：改革是突破进取的根本要素，是发展强大的有效动力。纵观中外历史，国家军队的空前强大多是因为采取了有效的改革措施。我国战国时期楚国的吴起变法、秦国的商鞅变法、赵武灵王胡服骑射等等都推动了各诸侯国的强国强军进程。日本的明治维新使日本成为东方骄子，进而走上了对外侵略扩张的道路。军队强大的根本就是提升有效

战斗力，而强军改革则是提升部队综合战斗力的重要途径。战争时期，打仗是我们的使命；而和平时期，自强则是我们的目标。为防止战争的到来，我们必须自强不息、勇往直前、时刻警惕、稳步提高，让改革强军加重我们未来打赢战争的砝码。

（三）牢记重托

强军号角开征程，雷令刀章铸铁魂。
呕心言辞铭刻骨，倚挟长剑斩昆仑。

作者感言： 习近平主席非常重视部队的发展建设，重视官兵的生活工作。他曾多次与基层一线官兵深入交谈、了解情况，并制定了一系列的扶持措施，解决了部队面临的诸多实际困难。我们作为当代革命军人，担负着保家卫国的神圣使命，必须时刻牢记习主席重托，深刻领悟习主席改革强军思想战略，深入践行习主席强军要求，把主席的重托入脑入心，植入灵魂的最深处，激发我们保家卫国的热情与血性，转化为强军精武、能打仗、打胜仗的强大战斗精神。

（四）勇担重任

击涛裹电穿云路，兵自生来染剑光。
甘化我身为沃土，卧撑草树厚八方。

作者感言： 勇敢和担当是军人本质属性中不可或缺的重要组成部分。军人，缺失勇敢，战争就打不赢；军人，缺少担当，战位就守不住。打不赢战争、守不住战位对于军队和军人来讲，是最大的耻辱。拒绝耻辱，拿起刀枪，训练备战；拒绝耻辱，坚守战位，时刻准备。胜利的大门永远为勇敢者和无私者敞开。失败的枯井里永远埋藏着懦弱者与自私者。我们是中国人民解放军，我们的队伍是一支英雄和无畏的正义之师。

（五）把握要求

仰染旗风召日火，骋横大道剑披靡。
不偏正轨遵章令，铁力恒持拓海移。

作者感言：按组织的规章办事，按上级的要求行动，按军人的纪律严格约束自己，这些是军人必须坚守的原则。不倚偏门一扇，不越雷池半步，不走险棋一招，拥有铁的纪律的队伍才能团结全体，只有团结全体才能产生强大的凝聚力，只有强大的凝聚力才会产生强大的战斗力。听党指挥永远是我们的信仰，遵守纪律永远是我们不可践踏的底线，我们要做永远让国家放心的人民军队。

（六）永葆忠诚

抛流碧血增旗色，碎碾尸颅厚岭山。
踏破烽台瞻古月，夜挟剑甲梦当年。

作者感言：忠诚是因为有信仰在支撑，而对党的信仰则是军人忠诚的本源。信仰也是强大生命力的精神支柱，信仰也是战斗力强大的根本原因。令敌人永远感到恐惧的不是军备的绝对现代化，而是军人精神的绝对忠诚化。人是决定战争走向的根本因素，战术和装备是决定战争的必要条件，如果根本因素缺失，必要条件也发挥不了作用。让忠诚的血液流淌进我们身体，我们的血脉中永远蕴藏为党和人民战斗的基因。

（七）敢打必胜

锋刀利刃黄龙骨，铁铸雄心剑作魂。
敢卷战旗红万里，八一焰火破污浑。

作者感言：中国人民解放军为战争而生，为和平而战。我们向往和平，翔天的白鸽是我们插立胸膛的图标，但我们不怕战争，出水的猛龙也早已飞融进我们沸腾的血液。我们身插凶猛的鹰翅，却又仰望蔚蓝的晴空；我们手握利剑，却又心牵着光明；我们紧守战位，却又思念着幸福的笑容。敢打仗是我们的勇气，打胜仗是我们的本领。我们从不害怕挑衅者，正如歌词中所写："我们军人的魂魄在制高点上永远挺拔，一切为了面对，假如今天战争爆发……"

（八）履行使命

脚踏千层皆沃土，眼观万里尽芳天。
钢魂铁魄插川岳，飞卷兵蹄立界关。

作者感言：我们脚下踩踏的是我们的国土。我们抬头仰望的是我们的蓝天。我们怀里拥抱的是我们的亲人。我们手握着钢枪，就是为了保卫我们的国土、我们的蓝天、我们的亲人。保家卫国是我们永远的使命，为了这个使命我们将不惜牺牲一切，只要敌人侵犯我们，我们国土上的每一粒沙石都将化作钢刀，向侵略者的头上砍去。

（九）铭记历史

旧留耻恨时为患，逝去飞潮浪卷今。
踏破千阶非空步，再攀巅顶厚史林。

作者感言：历史刻印着我们走过的足迹，历史弥飞着我们经历过的风雨。历史是一本教科书，它记录过去，描绘今天，启迪未来。我们要从历史中吸取经验，以史为书、以史为镜、以史为鉴。要把历史上的耻辱铭刻于胸，要把优秀光荣的历史传承发扬。我们不会忘记历史，它的点滴都将融入今天的江河。它就像是一盏明灯，照耀我们继续探索挺进，指引我们走出一条充满阳光的强军大道。

（十）传承血脉

长江翻卷通千古，今月登空照汉唐。
铁血八一魂不变，盛燃薪火久流芳。

作者感言：我们的基因是炎黄子孙的基因，我们的血液是革命军人的血液。我们的血脉曾腾跃二万五千里长征，我们的魂骨曾抛洒十四年抗战的枪林弹雨中。无论是抗美援朝、对印对越战争、抑或是九八抗洪、汶川抗震我们中国人民解放军都展现出了英勇无畏的一面，我们的血脉是英雄的血脉，是爱国主义的血脉，无数感人篇章、无数民族大义、无数英雄事迹都凝汇在这血脉中，我们要将这血脉永远传承。

（十一）投身实践

伟略雄才脱旧骨，尽挥旗剑步新程。
强军大道生足下，勠力攀拔上月锋。

作者感言：实践是检验真理的唯一标准，只有在不断的实践中才能探索出符合实际的正确道路。我们本着多学、多看、多听、多做、多分析、多总结的学习思路深入实际工作，研究工作的本质属性，从而发现其内在规律和外在表现形式，探索出更适合于自己的方法。

（十二）创造辉煌

霹雳腾空狮虎啸，蘑菇拔地剑鹰旋。
九十战史雄威在，万里疆关慑鬼寒。

作者感言：军队的强大换来的是国家的辉煌，没有军队的强大就没有国家的辉煌。而军队的强大依靠的是千千万万无私奉献的军人。今天改革强军的号角已经吹响，只有我们思想向上、斗志昂扬、紧跟步伐，未来的辉煌就会在前方不远处向我们招手。

七绝·军队英模

（一）张思德

豪风正气藏刀剑，铁律兵魂死不屈。
身为弟兄抛血骨，军中道义胜江湖。

（二）董存瑞

挟雷健步飞碉堡，举臂惊呼破匪军。
骨碎身残焮烈火，血沾厚土育忠魂。

（三）邱少云

临危不惧出神勇，血写忠诚报党亲。
烈焰灼烧身固死，但留魂骨砺兵心。

（四）黄继光

浓烟滚滚埋尸海，炮火隆隆葬骨峰。
血肉身躯迎弹雨，头颅骸体筑长城。

（五）雷锋

少时亲寡寒孤苦，解放还身入党怀。
不忘恩情勤奉献，骨魂不朽万花开。

（六）苏宁

建功军旅凭实战，夯业国防靠打赢。
官为护兵身碎骨，丰碑久立刻清名。

（七）李向群

幼时已有雷锋骨，携笔从戎少梦圆。
生战洪魔搏浪啸，铁魂不倒立旗帆。

（八）杨业功

生当不辱将军骨，死亦威名战史传。
麾下当年千百旅，角弓万振慑天寒。

（九）杨业功

狂沙云月锋山下，铸剑磨刀向远天。
铁骨生来当为战，峡关碧海望门寒。

（十）杨业功

生来只为磨刀剑，两袖清风不自寒。
尽瘁应安身血骨，鞠躬何必逝为先？

七绝·近代战

（一）直奉战争

直刀奉剑插疆土，万里尸横尽手足。
同祖同根同血脉，不应怀恨葬蓝图。

（二）北伐战争

长城内外非兄弟，各占刀枪霸四方。
逐虎驱狼除旧弊，江山一统振新邦。

（三）南昌起义

蒋汪逆道屠忠义，碧血冤流染海天。
颈背不屈雕铁骨，南昌枪响奏新篇。

（四）中原大战

派门各异群无首，笑面称雄隐剑寒。
不以苍生为己任，长流战血染河山。

（五）红军长征

飞流江海穿洪浪，险堑峰山踏月云。
浴血奔腾二万五，遵义会议转乾坤。

（六）红军长征

鸿沟莽野枪雷震，绝岭山泽弹雨寒。
踏破长征二万五，朱峰泰岳渺云烟。

（七）抗日战争

不同狗寇争天下，但斩倭狼固关山。
饮血八年扎沃土，英雄多少葬烽烟？

（八）抗日战争

中华儿女同根命，不破倭俅誓不休。
万里长城皆血泪，忠名不负染春秋。

（九）辽沈战役

锦州潮涌击雷火，再解长春暴雨寒。
新沈辽鞍风夜过，霞铺东北换新天。

（十）淮海战役

雄兵百万燃雷火，枪雨穿烟若电袭。
洋炮钢枪非利器，军民勠力必无敌。

（十一）平津战役

江山本是囊中物，直下大军扫落魂。
百战平津封妙笔，蒋公无力握昆仑。

（十二）渡江战役

精兵百万舟帆渡，碧浪滔天弹雨袭。
大道仁师诛败寇，江山易主换新旗。

七绝·红歌嘹亮

（一）强军战歌

雷霆号角开锋刃，叱吼挟风竞电急。
刀鼓枪音提气骨，强军大道振兵师。

（二）不忘初心

月盘今古居中正，心跨春秋亦映红。
不忘初时魂梦处，而今未踏到云穹。

（三）复兴之歌

细雨春雷潮浪涌，兵师铸剑待登攀。
往昔已跃峰渊岭，再踏星云上月天。

（四）江山如画

泰岳不惊雷雨啸，长黄澎湃万千年。
春风秋水藏奇秀，如画江山日月沾。

（五）五星红旗

远空高舞当烘日，破雪迎风抵月寒。
升起初时融烈血，而今久立傲穹天。

（六）精忠报国

马弓飞将今崛涌，鹏举此朝济运时。
将士古来沙场死，万年不变魂随之。

（七）中国红

江南云婉流天水，漠北风狂立雪松。
峰海河川藏秀美，人间洒落尽霞红。

（八）西部放歌

荒漠狂沙插柳绿，冰川夜雪换霞烟。
今朝潮浪春雷降，更胜江南艳阳天。

（九）长城长

江山浸染风霜雪，战火硝烟久未休。
钢铁长城连血骨，万年不朽立春秋。

（十）十送红军

送行路上虽风雪，滚滚冰烟不尽来。
泪雨长流飞碧海，马奔万里莫孤哀。

（十一）保卫黄河

骨葬山泽峰谷秀，血融涛浪水天红。
龙居渊底非沉睡，直教鱼虾葬浪洪。

（十二）唱支山歌给党听

风烟万缕掀云涌，黑夜当年艳阳升。
虹彩星辉托日火，浩气霞光照征程。

（十三）游击队歌

林中猛虎伏身卧，水下强龙绕体盘。
犬狗疏时生钝骨，虎龙已破万重山。

（十四）咱当兵的人

离乡千里难挥泪，迎顶刀枪砺铁心。
摔打青春磨血骨，人民生养为人民。

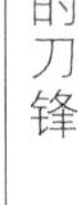

（十五）中国军魂

兵失血气蚊蝇辱，将不忠直虎豹吞。
剑骨挺拔连岭岳，横眉一怒斩昆仑。

（十六）火箭兵的梦

莫恐匪贼偏道远，直插海漠射天峰。
角弓弦振惊狼虎，出鞘如雷扫飓风。

（十七）当那一天来临

晴空光火磨钩戟，月下灯烛砺骨魂。
利刃锋刀时握手，一声霸令卷雷云。

（十八）从军歌

少犊有勇驱狼犬，壮骑无屈碾雪烟。
有志男儿须洒血，胸心有泪不轻弹。

（十九）为了谁

死为家国生为战，敢迎霹雳水天急。
身击涛海奔流止，骨顶潮头浪涌息。

（二十）十五的月亮

静看家书声萧默，连绵夜雨枕枪寒。
边关乡里同观月，仰望天涯共泪沾。

（二十一）说句心里话

脚踏峰石临岳海，佳节喜日几时休？
血当长涌江风染，泪亦轻弹月夜流。

（二十二）兵哥哥

朝晨思忆夕时泪，跨马挥鞭入梦关。
君亦无须牵眷属，天涯不老待君还。

（二十三）我的老班长

敢称孺子为骄子，规教严明术业精。
不朽箴言铭刻骨，纯德笃志效君行。

（二十四）又见到你

百年不改英雄色，血肉筋皮水火扛。
临战风雷无弱骨，只求生死载荣光。

七绝·火箭兵

（一）

足沾溪水狭光照，仰首唯观一线天。
环视方圆千百里，不闻鸟雀渺炊烟。

（二）

车动轰鸣声虎豹，群山盘绕化龙蛇。
剑拔电闪穿云火，月尽阳出夜倒戈。

（三）

霹雳一声惊浩宇，天地地火起苍烟。
扶摇直上八千里，直教龙蛇跃九天。

（四）

不知山外烟枝柳，春逝秋飞又遇冬。
遥忆少时播沃土，荒丘今日万花红。

（五）

休说虎豹锋牙爪，犯我中华必宰杀。
鹰隼犀光环四海，力拔长剑射天涯。

（六）

山南峰陡横林岳，漠北沙狂卷雪烟。
少载青丝离乡里，不知明月几时圆？

（七）

横插山岳峰为剑，倒挂江川浪化鞭。
劲弩强弓时握手，贼人万里血魂寒。

（八）

长弓倚手枕戈待，不怕狼鹰不怕鲲。
掠海降龙翻浪啸，翔空击月斩雷云。

（九）

冬时入谷终觉冷，夏日出门暖火沾。
世外花开枝叶绿，但觉丘岭雪风寒。

（十）

热血狂流八万里，青春激荡五十年。
持弓倚箭挟雷火，龙啸雄音慑虎寒。

（十一）

高山险岭峰为剑，漠谷横沙雪雨狂。
竟倚长弓锋向月，势挟雷电射天狼。

（十二）

晴空亮剑出霹雳，气贯虹霞卷火烟。
敢斩倭人劈斧钺，助君御统万重山。

七绝·亮剑

（一）

雄兵飞峙劈峰谷，
铁马盘横扫漠渊。
直斩龙头拔剑刃，
再收散将荡平关。

感言：“射人先射马，擒贼先擒王。”李云龙团长深刻地领悟到了这一兵家秘诀，并在战场上发挥得淋漓尽致。在电视剧《亮剑》的第一集里，他并没有直接与板田联队进行殊死的决斗，而是先打掉板田联队的指挥部，导致日军群龙无首，最终使战斗获得了胜利。可以说李云龙是亮剑必锋芒，是一位深谙战略战术、富有冒险精神又不喜欢按常理出牌的优秀指挥官。

（二）

刚柔软硬各一方，
欲用其身必用长。
自古雄才无定论，
不拘条框露锋芒。

感言：“千里马常有，而伯乐不常有。”在用人方面，李云龙绝对称得上是伟大的伯乐，他知人善用，能取官兵之所长，避官兵之其短。在李云龙的队伍中，功夫高手、狙击高手、骑马高手，这些优秀人才都成为他的得力干将，他在不同的战斗中，根据不同的战况将这些人才的特长与才干运用得恰到好处，使他们个个都成为战斗中的一把尖刀。可以说李云龙不失是一位优秀的人才发现者、管理者和运用者。

（三）

本是同根同血脉，
不应各自立一峰。
古来烈火八千载，
续济风云五万程。

感言：李云龙与楚云飞，信仰不同，所走的道路不同，但他们同属炎黄子孙，同为华夏儿女，五千年文明铸就了他们拥有为国家、为民族不怕牺牲的爱国情怀，驱逐日本帝国主义出中国，是他们共同的信念，在实现这一共同的奋斗目标中，他们之间形成了相互敬佩、相互欣赏的战斗友谊，这是一种建立在民族和国家基础上的友谊，是牢不可摧的。

（四）

日月做歌迎雪雨，
万钧铁担立双肩。
出师百战身先死，
岂有卒兵畏阵关？

感言：一个坚不可摧的战斗集体，一定要有一位雄才武略、威震三军的指挥官，李云龙就是这样一位指挥官，他严明军队纪律，做到有令必行、有错必罚、有功必赏；他能够身先士卒，做到与战士同甘共苦、同生共死。正是因为如此，他才受到了战士的敬畏与爱戴，才使他所领导的军队具有强大的凝聚力和战斗力，不畏一切艰难险阻，攻无不克，战无不胜。

（五）

不封固论称王道，
敢向敌兵借剑灯。
破俗碾旧开新路，
穷至巅顶又一峰。

感言： 战场上的形势瞬息千变万化，这就要求指挥员必须具备灵敏的嗅觉，及时感知战况，并做到相应的战略战术的调整。纸上谈兵从来都是兵家之大忌，李云龙在战略战术的运用上从来不墨守陈规，不被僵化的军事理论所束缚，他能够与时俱进，善于学习创新，向战友学习、向敌人学习、向新生事物学习，形成了一套灵活的军事作战思想，这就使得敌人很难摸清他的作战套路，进而取得战役的胜利。

（六）

亮剑出击当顺势，
巧同天地借东风。
休说韬略唯书论，
百战雄关敢纵横。

感言： 虽说兵法多奇妙，自古将帅出战壕。李云龙没有受过正规军校的教育，更没有系统地学习过兵法，他最大的优势就是作战经验丰富，是实践中摸爬滚打过来，形成了自己独特的作战理念，他能够审时度势，懂得战争胜利的关键在于“天时、地利、人和”，他尽量不打无把握之仗，尽量不去做无谓的牺牲，但只要投身到战场中，他就全力以赴，尽一切可能去争取胜利。可以说他是一位实战派的军事理论家。

（七）

心融江海八千里，
撑载舟帆做帅才。
万马千军唯我用，
一开铁令兵将来。

感言：一位优秀的指挥官需要有宽阔的胸怀和伟人的气魄，李云龙就做到了这一点，赵刚和孔捷等，都是有个性、有才能的帅才，李云龙与他们能够融洽相处，取其长，略其短，欣赏他们的优点，容纳他们的缺点，他们相互配合，为打赢每一场战役群力群策，使得部队有了一个凝固的领导核心，这是战役胜利的法宝。

（八）

仗前有备兵如神，
守待敌军入虎门。
一令出击掀浪啸，
如潮泻卷煮鳖身。

感言：在有些人的眼里，认为李云龙行为乖张、说话粗野，是一介莽夫，这些人是被李云龙的外表所迷惑，没有真正地了解李云龙。当我们不断深入了解剧情后，会发现他是一个外热内静，胆大心细的人，他有虎一样敏锐的洞察力，当战机未到时，他虎踞龙盘，岿然不动；当时机成熟时，他势如脱兔，锐不可当，这就是真正指挥家的风采。

（九）

沉舟谁恐迎涛浪？
将若求生不欲还。
狭路相逢勇者胜，
吊睛猛虎踏平川。

感言：“面对强大的敌手，明知不敌也要毅然亮剑。即使倒下，也要成为一座山，一道岭。”这是李云龙的豪言壮语，在硝烟弥漫的战场上，在千钧一发的战斗中，勇气制致胜的法宝，匹马一麾，需要的就是热血方刚的勇气；斩关夺隘，需要的就是危急时刻敢亮剑的精神。李云龙领导的队伍就是这样一支敢于亮剑的军队，军队需要这种精神，国家需要这种精神。

（十）

生为亮剑几多伤？
戎马生涯断寸香。
莫道将军筋骨硬，
经逢烟雨更情长。

感言：英雄的一生有热血阳刚的一面，也有铁血柔情的一面，李云龙也不例外。多年的军旅生涯，多少危难忧急，多少沧桑风雨，他不曾落泪。但当他的妻子惨遭杀害，这位铮铮硬汉不禁潸然泪下，他可以为了国家和民族浴血奋战，他可以为了人民的幸福而无惧沙场，但他却失去了他的亲人，他卫了国，但却没有保了自己的家，他呐喊，他悲伤，但却无悔。

在2005年，《亮剑》这部电视剧热播荧屏，人们通过著名演员李幼斌的有血有肉的表演，认识了这位叱咤风云、百战沙场的“战神”式将军李云龙，他文化程度不高，但是却战斗经验丰富，打了一场又一场的胜仗；他性格不羁，被很多人认为善做离经叛道之事，但是他却胆识过人，意志坚定，思维方式灵活多变，他所采用的逆向思维使他在很多战役中取得了辉煌的成就。他的人生信条是：面对强大的敌手，明知不敌也要毅然亮剑。即使倒下，也要成为一座山，一道岭。这是一种亮剑精神！我以此诗向李云龙致敬！向这种精神致敬！同时也向著名表演艺术家李幼斌老师给我们带来这样鲜活的人物致敬！

七绝·猎鹰

（一）

党旗向日迎风卷，召我心魂碧血流。
此命已投红焰火，唯留赤骨共春秋。

（二）

野丘大漠留蹄印，荒野深林烙剑痕。
竟忍饥残非落泪，胸中铁血净寒尘。

（三）

冷风烈火连朝夜，砺剑磨锋血刃出。
弹扫非虚穿百孔，隔云千里射敌颅。

（四）

难眠晚夜思雷鼓，弓弩非息卧枕边。
铁令一声如浪啸，万千鹰翅掠穹天。

（五）

天生兵骨非柔嫩，一洒鲜红向九霄。
风月绵情当刻剑，忠魂不朽入锋刀。

（六）

铜墙铁壁难封路，风影临人不近身。
划破江流飞电闪，倒攀崖岭落刀痕。

（七）

鹰胆不惊霜雪雨，击雷惩电卷兵戈。
常磨爪利非沉钝，掠地风驰斩鬼蛇。

（八）

攀峰不晓崖石险，跃岭何知桥索寒？
头顶军徽连日月，报国无欲护国安。

（九）

高楼广厦排危恐，井下空中救险灾。
战走山林称虎豹，骋飞草岭亦狼才。

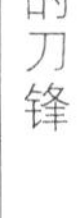

（十）

练战朝夕非嗜血，洒倾汗雨染云清。
国有鹰剑鸽魂在，旭日红辉照太平。

作者感言：“猎鹰突击队”是中国最优秀的特种部队之一，他们的任务神秘、训练艰苦、能力突出，为社会的安全和人民的安居而默默守护，为我国的维稳反恐工作做出了重要贡献。他们是真正的“兵中之鹰”，也是真正的“兵中之王”。中共中央总书记、国家主席、中央军委主席习近平2014年4月9日视察了猎鹰突击队，并为其授旗。这是他们的荣耀，也激励着他们在未来的使命任务中会更加英勇，让我们为“猎鹰”点赞。

七绝·战狼

（一）

犀光锋眼藏刀剑，动若雷霆闪电出。
万里山河埋血肉，鹰狐来犯必杀诛。

（二）

烈火袭天飞弹甲，身残头破亦阳刚。
长刀铁箭穿胸骨，不变忠魂血染江。

（三）

枪鸣霹雳穿颅骨，箭扫飞梭卷雨刀。
大漠沼泽非险地，荒丘绝岭显风骚。

（四）

衣靴枪剑沾敌血，盔甲绳刀透弹风。
若有余温存气骨，不弯脊背耻偷生。

作者感言：《战狼》这部影片尽显了我军男儿英雄本色，鲜血与红旗交相辉映出黑白战争世界中的危险与信念，彰显了我军特种兵坚定的信仰信念以及永葆忠诚的宝贵品质。且不论影片剧情，单从主题主线来讲，这是一部绝对的红色正能量影片，引导和激励着广大官兵，起到了一定的教育效果，特种兵冷锋也成了演员吴京塑造的又一个经典角色之一。

七绝·风花雪月

（一）铁马清风

长缨利剑钢刀握，不破狼狐不见亲。
铁马长嘶奔月下，清风狂啸砺兵心。

（二）战地黄花

朝当跨日勤习剑，夜不成眠必枕枪。
战地硝烟横铁骨，黄花染血透清香。

（三）楼船夜雪

不患平川狼犬阻，何屈峡路虎狼欺？
楼船无悔帆击海，夜雪多情玉挂衣。

（四）边关冷月

将士莫愁无武地，河山万里尽绵延。
边关峰岭刀藏火，冷月霜星剑载寒。

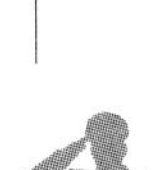

作者感言：铁马秋风、战地黄花、楼船夜雪、边关冷月，这是一名老战士的风花，这是一名老党员的雪月，这是一名老艺术家军旅人生的真实写照。唱红岩，他热血沸腾；唱蓝天，他满怀憧憬。他用一生的光阴，唱给人民、唱给祖国、唱给伟大的国防事业。他一生都在唱，他的心魂始终与我们相连。是一滴水，他融入大海；是一朵花，他开在大漠；是一棵树，他长在烈日下。他是一个老兵，走在信仰的道路上，用充满情爱的真心为亿万人民树起了一面永不磨灭的奋斗旗帜。他，就是阎肃。

七绝·文艺兵

（一）

非叹少年军路早，污泥不染碾杂尘。
寒袭百砺松梅骨，沙卷非侵树竹身。

（二）

莫嫉荧台灵韵骨，十年寒月几人知？
才姿韵雅托旗艳，不尽风华染绿衣。

（三）

花姿花色非花骨，雪日雪年莫雪寒。
休道佳才无腹韵，文峰艺海竞相攀。

（四）

战歌卷电激兵魄，剑舞挟雷叱将魂。
焚烧血骨燃烈火，彻振军心斩虎鲲。

七绝·家国

（一）

夜尽风寒观海啸，飞天怒水冠瀛寰。
饮之美酒酙无味，心握锋刀盼月圆。

（二）

玉砌金雕为古迹，残垣断壁尚存今。
激昂热血流刀剑，百载风霜刻在心。

（三）

梦走金陵观浪水，悲声震耳泣声吟。
当年杀戮三十万，叫我何能净血心。

（四）

万里江山碑挺立，民族荣辱记心间。
血磨百尺降妖剑，鬼子尸身葬雪山。

七绝·江边悟语

（一）军心

风击雷动如潮涌，马啸鹰飞震九天。
感叹军心如海浪，晴空日下尽波澜。

（二）精武

不恨青丝卷鬓白，千钧血骨踏寒来。
遍插刀剑封肤齿，破斩关门索阵开。

（三）征途

风卷云飞雄蹄劲，踏之草雪荡平川。
八千里路寒霜月，玉褂征衣碧血沾。

（四）战场

海天烈焰成一色，怒月惊云染血烟。
倭狗身名皆俱灭，残尸骸骨没江边。

七绝·国学十二道

为人之道

（一）

忠仁刻骨连江月，孝善藏心溢远香。
莫仰奸邪春应道，冬来寒雪必灾殃。

（二）

贫移富贱当为耻，淡饭粗茶亦透香。
我自清心酌钓誉，深耕沃土厚八方。

做事之道

（一）

争锋不可先天下，夺势当须仰万军。
静看八方云月涌，新棋一定转乾坤。

（二）

登峰千里云逐日，不晓风烟暴雪寒。
同道英雄非论短，天涯四海善结缘。

养性之道

（一）

火急十万惊雷电，不如心门不到寒。
尝尽世间风血雨，色神未改笑怡然。

（二）

凡心若容天下事，何有烦苦在人间？
一时欲进风云起，回望舟帆碧海宽。

君臣之道

（一）

奸身春院涂红粉，忠骨深山染雪霜。
玉殿奢华多酒色，必无烈骨葬边疆。

（二）

大道明君多义礼，千军洒血染忠心。
利拔正剑锄污佞，气斩遵章不念亲。

学习之道

（一）

少时荒业逢冬雪，老挑书灯又复春。
莫道才人多术道，远天之上有孤云。

（二）

冬来寒雪春飞燕，岁月无情不待人。
伴剑挑灯击热血，青春不老复朝晨。

韬略之道

（一）

刀锋有骨劈星斗，剑气无形摄海天。
日月山河为我用，妖魔尸首葬边关。

（二）

六韬莫以书经论，三略当行顺道时。
奇正相生皆幻象，大军横扫若披靡。

教练之道

（一）

金银珠宝绫罗玉，不比贤德将相才。
大略奇谋兴域土，太平盛世踏春来。

（二）

边关武将凭忠义，殿上文臣笑圣贤。
伟业千秋开盛世，明德大道育才先。

统御之道

（一）

厚德从道风魂正，笃志博学术业精。
御将统军出号令，雄驰大道万里行。

（二）

胸藏利剑峰山跃，腹有丹书义理先。
尽揽才人能善用，同心同道创新篇。

权谋之道

（一）

玉殿明堂千万客，几人欢笑几人愁？
一朝失势风寒寇，战血长流染将侯。

（二）

耗尽心魂熬雪鬓，夜来不寐仰星辰。
剑刀神鬼皆为器，不跃清风不做人。

修身之道

（一）

已逝风华金月岁，少时鸿志尚存今。
不闻烟火红尘事，愿得清流净渍心。

（二）

爱恨情仇如死水，喜悲哀乐若虚云。
心怜秋夜思花落，雪月人生不复春。

天地之道

（一）

天高笃志风雷动，地厚纯德草木生。
日月阴阳居正位，贤人尽在道中横。

（二）

无身无体无形迹，日月乾坤必守之。
天下古今为智者，几人得道入终时？

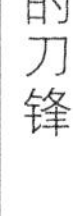

死生之道

（一）

豪情满腹仙神畏，健步穿星鬼怪惊。
生必清风拂两袖，死当廉骨载忠名。

（二）

生当不怕狼狮虎，死亦何屈鬼怪仙？
一片血心融利剑，挟雷裹电斩污奸。

七绝·瞒天过海

（一）

铁风浸染浮云色，倒挂阴阳布阵关。
掀浪八千皆幻象，巧舟暗过万重山。

（二）

敌鼓奔发八百路，不知何处有兵关？
风来踏阵归沉梦，一去如烟不复还。

七绝·围魏救赵

（一）

避其拳肘攻心骨，不斩军兵斩将侯。
直捣峰巅连月处，草石一乱待君收。

（二）

全局统揽连横纵，不略微毫亦望巅。
战倚快刀割兽首，风蹄剑齿化尘烟。

七绝·借刀杀人

（一）

笑观洒血风云事，但喜吴钩不近身。
布阵何须先亮剑，生栽恨骨岂一人？

（二）

屠狼岂可先熊虎？喜看苍鹰斩鼠蛇。
诱引强龙诛匪盗，除敌不必上兵戈。

七绝·以逸待劳

（一）

迎敌千里排兵阵，首尾切割断水粮。
不以强攻迎虎鳄，夜时待到下群狼。

（二）

久战未捷神必散，再掀雪雨烙心寒。
失魂无助急惊乱，铁骑歧途落虎关。

七绝·趁火打劫

（一）

敌占峰林雷火卷，兵居低谷箭石横。
必藏潜患生危厄，外战应迟内祸生。

（二）

冰生冬日封刀骨，但遇晴阳亦弱残。
待到春时应自破，舟击浪水起扬帆。

七绝·声东击西

（一）

攻必刀枪收帐鞘，退应关阵起炊烟。
敢开旗鼓朝南吼，已布急兵过北川。

（二）

剑鞘向南开北刃，马留西影踏东风。
横观纵望难知欲？倒置阴阳日月生。

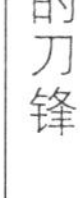

七绝·无中生有

（一）

千里大军追寡骑，剑蹄铁乘过空山。
愚把穷驹当虎豹，耗尽兵粮挂险渊。

（二）

响箭挟雷穿广宇，大军城下挂狂颜。
蹄声击滚洪钟鼓，呵退敌师百丈关。

七绝·暗度陈仓

（一）

柔风碧水开清宇，竟隐急流卷暗石。
聚到万钧刮铁浪，舟船不复葬雷池。

（二）

百开假戏夺魂眼，一布真台染血光。
乱舞阵前迷梦骨，仙神在后闹天江。

七绝·隔岸观火

（一）

气运无穷多幻化，风云难测几时高。
静观沧海浮沉处，不起旗帆下浪潮。

（二）

观相岂知肤骨色，破局难断是吉凶？
不开剑甲收旗鼓，待到终时定北东。

七绝·笑里藏刀

（一）

利刃在心不在骨，恨失气血傲胸肩。
晴风一变阴时雨，无道锋刀换笑颜。

（二）

忽见强颜堆笑骨，昏神曲闭刻刀锋。
凝眸不正多浮落，必待阴时起浪风。

七绝·李代桃僵

（一）

不喜短兵谋寡利，大局横纵挂东风。
应折木铁生桥索，跨步攀登越远峰。

（二）

攻夺疆场先夺帅，退舍尘沙固铁山。
诱调兵军抛肉饵，待敌深入虎门关。

七绝·顺手牵羊

（一）

兵发万里非一地，箭骑横杀势破风。
化浪袭来击浩海，舟船几处得安生？

（二）

齐召甲刃攻虚漏，岂错良机斩将侯？
横纵箭枪拔乱阵，兵车不尽待君收。

七绝·打草惊蛇

（一）

铁骑化驴遮腹骨，野猫变虎扰魂神。
有心打草迷蛇眼，欲待逃时斩鬼身。

（二）

行如风水无休止，纵缓横急不起烟。
起浪狂龙当潜底，舟船飞下再滔天。

七绝·借尸还魂

（一）

身肤雅净魂污粕，巧借金尸效雪松。
若破君人真面目，几人得道傲才雄？

（二）

哑尸多是悲情客，却下游魂铁令声。
封印立碑从圣号，大旗在上起东风。

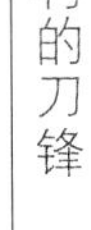

七绝·调虎离山

（一）

白起诡言除赵将，伯符寡战定卢江。
敢出虎豹征云月，镇垒弓刀待斩狼。

（二）

徒增血肉失魂路，又望风烟动剑招。
不破敌身难相骨，患留空府背插刀。

七绝·欲擒故纵

（一）

灭其锋锐削其志，散乱心魂自萎靡。
不备经年丢剑甲，强军破阵胜风急。

（二）

拔剑抽刀敌死战，尽施仁义乱兵收。
朝夕抛饵非垂钓，待聚群鱼上网钩。

七绝·抛砖引玉

（一）

竹竿卷水知深浅，空奏蹄声引虎狼。
木马狂鸣急探路，先行破盾后精兵。

（二）

首战偏锋迎正剑，遍开虚阵引真身。
砖石断碎非残片，玉骨犹存不染尘。

七绝·擒贼擒王

（一）

引龙失水盘林野，逼虎伏川上叶舟。
莫道敌卒伤众寡，魁杰不败岂兵收？

（二）

寡见群狼无铁帅，难闻枯树有猴声。
擒王雷箭隔空射，不破平山破顶峰。

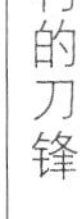

七绝·釜底抽薪

（一）

草断根须何破土？人无魂魄必灾殃。
戮杀兵将先杀马，回落一枪送墓床。

（二）

峙兵久战夺粮草，铁令急攻斩鼓旗。
敌阵营盘皆我将，不征自破在朝夕。

七绝·浑水摸鱼

（一）

犬马相争狼在后，虎狮落水鳄出击。
乘兵阴乱插间隙，作浪敌营布阵棋。

（二）

尽观万里连横纵，不略丝毫看渺微。
力戒毒瘤生隐处，清泉绝染寸浑黑。

七绝·金蝉脱壳

（一）

孔明退马雕神木，击鼓德卿倒挂羊。
不入乱潮观舟棹，岂随万象看微茫？

（二）

敌兵寡弱增金鼓，不动青冥下夜瞑。
箭阵横封绝后路，瓮中起火煮鳖兵。

七绝·关门捉贼

（一）

急攻不取应围守，耻与孤兵起剑戈。
外甲作笼囚铁兽，内敌遁翼尽夭折。

（二）

大军不下盘关隘，帐内空城尽待收。
敢教兵敌开剑马，绝飞险堑断咽喉。

七绝·远交近攻

（一）

强龙慑卷隔江水，猛骑难行跨嶂山。
不望远潮冲日月，先观近浪荡舟帆。

（二）

紫骝千里薄疾瘦，响箭击空欲碎弓。
剑拓邻疆连阵垒，帐营不可走长龙。

七绝·假道伐虢

（一）

盘江捣浪穿云海，踞道迎雷上虎潭。
不倚单刀迎数刃，借敌水木踏平川。

（二）

矛剑伤人先破盾，欲除猛将引失蹄。
虚名借道同路客，回马一枪再立旗。

七绝·偷梁换柱

（一）

挂阵中军非将帅，辕门远近寡强兵。
大山林野逢寥寂，石浪刀风起夜暝。

（二）

虎狼皮下藏龙骨，报晓金鸡挂凤冠。
瀚海非惊生水浪，一飞直上抵穹天。

七绝·指桑骂槐

（一）

战旗倒地兵卒弱，将帅无声剑骑崩。
万丈惊雷压浪顶，大潮绝尽洒温风。

（二）

刀斧挥戈击浩海，飞沙卷浪溅他方。
锋开江夜击皎月，倒影无痕鳄甲伤。

七绝·假痴不癫

（一）

仲达假病夺权柄，煮酒玄德入隐林。
寡问红尘天下事，愚言愚相不愚心。

（二）

卧躺不临危耸处，睢盱碧海待升潮。
今夕难踏艟艨水，翻越明时浪更高。

七绝·上屋抽梯

（一）

师出半壁敌出火，踏谷盘渊落箭石。
诱虎上舟飞浪堑，大江万里作雷池。

（二）

峦峰踏破失桥索，盖碾涛潮后碎舟。
回望烟波归路尽，独倾冷箭上咽喉。

七绝·树上开花

（一）

肤沾珠玉灵光聚，鞘刻龙泉剑点睛。
纵有斗才生慧骨，不及颀冠挂虚名。

（二）

剑刀不济升锣鼓，寡骑单兵立大旗。
虎啸峰巅声叱吼，万山敌阵自归西。

七绝·反客为主

（一）

抛散精兵伏阵甲，斩敌首尾断蛇身。
城中起火夺权柄，不破关门易将臣。

（二）

剑刀不动扎敌土，旗卷西东贯北南。
内外门庭皆我骑，一挥尽扫破城关。

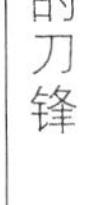

七绝·美人计

（一）

朝朝彩凤登金阙，醉卧冰肌几夜休？
沦梦红颜倾将骨，山河蔽日付东流。

（二）

峰岳危旌连剑骨，何须袖褂卷红香？
才雄若恨春宵短，封寇留名万载长。

七绝·空城计

（一）

无沙无雪无尘烟，浪遏昔时荡缓川。
孤夜人稀舟影尽，蹄刀不与鬼争关。

（二）

急舟静水浪飞腾，顺踏平山遇险峰。
老骥难识新道貌，无尘驿岭不攀登。

七绝·反间计

（一）

贼烟万里布阴云，赤日非急碾暗昏。
不破敌身虚盗骨，待施彼道转乾坤。

（二）

急令诛贼止鸟虫，目极碧海可擒龙。
放鱼归水迎垂钓，咬定钩绳不放松。

七绝·苦肉计

（一）

锦囊无计可回春，起火咽喉齿斗唇。
剑上心头割血肉，抛留忠骨醉故魂。

（二）

将兵假戏破楼门，旗鼓喧天废旧人。
嘴角不和唇齿斗，咽喉染血不分身。

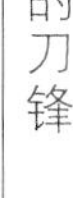

七绝·连环计

（一）

出兵万里任西东，布阵春秋剑挽弓。
洒落韬略千百处，贯接首尾可成龙。

（二）

难伏一野斩长龙，绕尽千峰必作虫。
南北东西齐亮剑，百出兵阵挂同宗。

七绝·走为上计

（一）

横纵绵延九曲关，经逢绝岭化平川。
逆行堑阵当思退，荡尽风波亦惘然。

（二）

踏破雄峰守寸方，回身阔目看汪洋。
不争一地拼生死，力揽青山万里疆。

七绝·博心悟语

（一）

将军额上千匹马，宰相胸中万里船。
今古英雄成大业，尽观浩宇莫观山。

（二）

人行万里非狭路，水入江川至海通。
大道八仙奇术异，不应规教尽相同。

（三）

教说规劝为常道，觉醒当需靠自身。
一点微光燃焰火，灼烧万里唤心神。

（四）

才思术道承天祖，用取离德必祸殃。
有武无功非大器，少之狂傲老来伤。

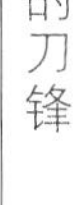

（五）

春来阳暖冬寒尽，竞染新风扫旧尘。
过客人生无永聚，不应怀怨恨离人。

（六）

屋中巷外鸡犬吠，何必听闻自扰之。
我若难平生怨恨，身心不净落污泥。

（七）

出身自古无贫贱，莫厌山高枉自寒。
不可污心藏嫉恨，友交天地路当宽。

（八）

少年苦练非虚度，不遇功名不患失。
鹰雁恨飞雷雨夜，日出不在五更时。

（九）

奇壶百染皆霜垢，浸泡浓茶苦透香。
莫为人生失意恨，千回百转亦如常。

（十）

上策良方非己论，善思大道百家言。
半山愚叟忠贤骨，相遇无须挂雪颜。

（十一）

亮剑拔刀无色改，闲言快语惹心急。
十年君子当无悔，一日小人必久戚。

（十二）

身飞万里迎风雪，泪洒千年化月湖。
若问此情何止尽？星云倒挂日西出。

（十三）

静同草木横峰岳，动若风雷摆九天。
人法阴阳思道势。一出霹雳破云关。

（十四）

叶花飞落风难止，江海霜冰水不息。
万里送君山堑越，此情未尽在来时。

（十五）

浮花虚月皆身外，独染莲风净垢污。
愿上远楼星野阔，心随明镜断尘俗。

（十六）

赏花赏柳催思忆，无语无声惹泪潸。
情比骄阳时血热，缘同飞雪久心寒。

（十七）

天时应济逢阳暖，地火不燃遇雪寒。
逆水风行急浪渡，蛟龙铁翼葬云天。

（十八）

心随鸿雁飞天宇，魂伴春风醉月楼。
大道雄关千万里，英雄多少葬情仇？

（十九）

风流人物名锤古，草寇穷夫变玉龙。
莫论剑刀谁握手，千军归令就称雄。

(二十)

腰间弓箭胸中月，跨马飞川万里攀。
五岳三山穷目尽，不觉微雪落峰端。

(二十一)

三载犀锋藏剑鞘，五年思卧隐书华。
少当勤骨扎根土，雨润良时绽月花。

(二十二)

不怕外山藏虎豹，但愁乡里有狼狐。
黄肤黑发插洋骨，若战明朝必狗奴。

(二十三)

空极日月星河远，时有春秋万古延。
此地此朝非有恨，人迁时变换新天。

(二十四)

清风正气行天地，善骨德身日月知。
莫以剑刀欺弱客，星移斗转在明时。

（二十五）

水弱逢金生瀚海，土强遇木自稀寒。
今夕逢雪虚朋尽，不变真心故友还。

（二十六）

昨日莺歌环燕舞，今朝冰雪洗肤颜。
人生岂是寻常过？半世阳光半世寒。

（二十七）

正剑偏锋八百路，常使静水唤风雷。
明君大道行无迹，燕雀安知己欲为？

（二十八）

愚者不愚藏慧骨，智人非智断思潮。
见而不见为良见，招亦无招必上招。

（二十九）

高殿金堂欢笑语，心如明镜扫寒尘。
远疏犹可遂人意，爱憎尤须有界分。

（三十）

无道庸人生事蔽，狭胸燃火烙伤痕。
经年累恨非安渡，胜负无时永不分。

（三十一）

霸气豪情延浪卷，当年星火未枯沉。
今朝虽有新人起，明月还需照旧人。

（三十二）

玉砌绫罗铜玉镜，照观美相近昏颜。
恨听帘外鸳鸯戏，遥忆当年泪欲潸。

（三十三）

而立之年今已近，金银爵位尽虚浮。
可怜夜下独居处，月卷寒光照影孤。

（三十四）

少本凡心如玉璞，却迎雪雨染霜烟。
无缘浪里同舟济，换我十年剑戟寒。

（三十五）

少时共难奔山海，老亦同眠望月星。
妇以贞名夺位冠，夫当操守护门庭。

（三十六）

自古忠仁出孝悌，攻书舞剑竟生愁。
家风祖训无相忘，当以国忧视己忧。

（三十七）

不知我命归何处，马背戎装砺铁兵。
身自寒来生倔骨，誓难背道顺虚情。

（三十八）

不可朝夕同气运，霎时雷电换霞虹。
境随心转形神易，顷刻枯虫变巨龙。

（三十九）

曾求时境抒心悦，流水行云惹岁寒。
有志不学悲落客，一朝不振恨千年。

（四十）

痛时泪涌空悲切，挥卷长鞭化浪江。
少岁应知愁味苦，老来芳品月花香。

（四十一）

风雷霹雳一时涌，江水急流不复还。
若问古今谁霸主？青山一立万千年。

（四十二）

天庭宫殿仙神乐，地道林间虎兽争。
莫以剑刀为利器，心容江海自生锋。

（四十三）

烈火何能燃浪海？钢筋必有断折时。
锋刀莫以锋为恃，一过天时必偃息。

（四十四）

智者不惊风雨变，术谋韬略在来时。
春秋经史藏胸骨，今事兴衰必早知。

（四十五）

明月高悬光普照，凝心聚气赴征程。
正名立在出师日，江海传来叱吼声。

（四十六）

九州华夏为一祖，四海同连赤子心。
耻作权族欺怨苦，不学草赖扰国民。

（四十七）

百燃心火通神悟，梦里挟雷赴月宫。
身入云天飞彩境，醒时尽在百思中。

（四十八）

美玉微瑕白璧附，黄金彩染色生残。
求人不必高全大，世上谁能有月圆？

（四十九）

少岁未曾风雪沥，不知世上有青红。
今天碧水陈年月，似与昔时竟不同。

（五十）

灵心生慧拨云雾，信自开花向日晨。
妄念迷魂行鬼道，愚神不醒必焚身。

（五十一）

大海长江急浪啸，几人旗鼓立帆扬？
众人顺水推舟尽，唯有鹰燕伴月翔。

（五十二）

雪雨袭来风草动，缓急不显露欢颜。
小人贼性飞墙跳，君子清心卧枕眠。

（五十三）

效鉴梅竹多不易，奸邪污佞扰心神。
劝君不可出先手，斩狗屠狼自有人。

（五十四）

制地安民非用武，丢弃弹甲废枪膛。
思潮涌卷掀雷电，情义长流荡海江。

（五十五）

一时怒气激胸火，不问缘何不忍寒。
利箭穿出弓角震，飞鹰铁马莫追还。

（五十六）

善藏仁骨行奇运，慧刻灵心腹炼丹。
愁火若缘虚渺事，当开胸锁注清泉。

（五十七）

夏逢寒叶秋当至，日有昏黄月必升。
低谷荒丛磨剑气，高山峻岭隐刀锋。

（五十八）

少志鸿鹄偏色远，壮年傲骨厌纷争。
暮时华发无求欲，必有清心伴月升。

（五十九）

夏风气暖藏雷雨，冬雪冰寒碾菌尘。
不以功威封傲本，续当卒士默躬身。

（六十）

尊卑长幼无沟堑，一道金光化冷冰。
交友不需同曲调，危时难处显真情。

（六十一）

才思愚钝荒基业，德品疏离背道驰。
污佞无能担大任，当有祸乱在明时。

（六十二）

鹿在争锋出剑齿，龙居卧地隐身蟠。
人之本性非横断，不到终时莫盖棺。

（六十三）

水流寒夜积冰骨，金入钢炉化铁烟。
穷尽一方偏道远，阴阳失燮复寒渊。

（六十四）

鹰眼当观红日下，寒渊深谷纵难收。
愿翻千里晴空海，不跃三分暗夜沟。

（六十五）

忠善不惊风浪啸，八方挚友在来时。
灵心一点通心悟，不必多言已久知。

（六十六）

风迎山岳当休止，浪卷礁石自缓息。
佞骨污心荒法道，灾身祸命在来时。

（六十七）

俯身耕土怜花草，急步登峰仰月星。
不可污心生嫉骨，广交师友效君行。

（六十八）

日月星河居正轨，不偏不倚不生寒。
金牛居北藏忠骨，白虎朝南大义先。

（六十九）

莫道人生多雪雨，阳光缕缕暖阴身。
陈杂往事如流水，何必春心染旧尘。

（七十）

英雄有义刀枪骨，才子多情水月心。
刚韧绵柔皆术道，同合一曲奏灵音。

（七十一）

豪风正气托阳火，鬼骨阴门灭命灯。
莫要逼人绝境地，有缘来日又相逢。

（七十二）

铁树雷击当断骨，金屋风卷必迁更。
莫愁鸟雀无依靠，振翅翔天伴月升。

（七十三）

功过是非无定论，几人黑腐几人白？
无心一语成霹雳，必惹雷声风雨来。

（七十四）

巨骨庞身空物大，才雄连利不连心。
同歌一曲千风调，杂乱无章鬼煞音。

（七十五）

车行吉地登峰谷，人到凶时倚岳山。
掌舵舟船多落客，浪来亦可定风帆。

（七十六）

万里河山皆我土，当年染血久难寒。
今燃烈火磨刀剑，已去昔时不复还。

（七十七）

疏必寡闻心逝远，近则勤见气争锋。
身隔万里情犹在，不以高低论友朋。

（七十八）

君子威仪知教礼，小人观色目神偏。
英风气骨称侠义，当敬才雄老少先。

（七十九）

厚骨生锋磨斧钺，薄才痴醉伴花枝。
私情独赏孤芳镜，大义狂书铁血词。

（八十）

江川奔涌无常态，山岳直拔立久时。
静里求存延寿骨，动中有变布新棋。

（八十一）

狂沙落水无丝动，乱石拍涛刹那间。
晶玉穿飞如电闪，千层浪底若光天。

（八十二）

实而乏韵成粗莽，虚若无边渺雪烟。
虚表若迷人幻醉，八分实骨载胸间。

（八十三）

蹄疾风卷非狼马，掌厚刀劈逊虎熊。
脑海波澜掀浪啸，万千潮水化狂龙。

（八十四）

不必纠心愁惑苦，人间处处有明灯。
欲知此地风云去，何不高攀立远峰。

（八十五）

闹市霓虹声鼎沸，荒村野落月通明。
身居处地无悲喜，润透凡心若水清。

（八十六）

择友选朋非乱序，谅直闻义道为先。
花前共赏风清月，雪下同食露宿餐。

（八十七）

薄识狭路思闻寡，不慕才雄枉自欢。
傲语狂音神睨冷，何知山外九重天？

（八十八）

生有金匙封傲本，多呵溺宠养娇心。
百赖草树无才骨，人到终时必寡亲。

（八十九）

紫殿神龙拔剑令，江山万里奏清风。
一腔正气燃灯火，鹏举南塘岳海横。

（九十）

圣骨贤德皆礼让，八分油肉渺沙烟。
舍之草木毫厘短，取尽峰山丈尺宽。

（九十一）

攻如闪电当疾迅，守若坚石必缓延。
持战未夺生懈骨，强敌远踏久衰寒。

（九十二）

党骨军魂连我命，不依旁术立春秋。
孔明妙算先天下，岂有神才救蜀刘？

（九十三）

敢迎刀剑击雷火，竞跃渊池碾雪寒。
奇骨少时生险境，壮年大任载胸肩。

（九十四）

险渊雪岭行晴日，斥地泽川卧夜昏。
山水风雷藏幻骨，一棋不可定昆仑。

（九十五）

寒夜悲愁飞浪远，兴时阳火在明朝。
春秋大势如江海，碧水长流破屿礁。

（九十六）

阳火狂燃阴气散，正锋开刃垢身寒。
乌云只挡一时日，终有晴光复彩天。

（九十七）

浸染霜烟风雪路，扎根立本不迁更。
钢筋有力时潮涌，韧骨无屈久剑锋。

（九十八）

倚窗望远观霜雾，踏槛瞻高望铁梁。
不晓云中升皓月，尽知山下溢狭光。

（九十九）

笃学当以思为骨，日夜酬勤术业精。
百诵卷书非傲本，欲知其道必躬行。

（一百）

堂殿仕中无散客，桃源世外有飞仙。
休说子建才八斗，任性一时落草帘。

沁园春·魂

天地灰阴，
浪起尘沙，
剑卷雪烟。
恨春秋文魄，
竟失血肉；
家国武骨，
方显柔绵。
万里沉沦，
百年沧桑，
散木孤舟岂立帆？
思追古，
汉唐凌日月，
碾破关渊。

今时春暖花繁，
亦难舍冰痕烙夜寒。
念元抚英气，
清廷道寡；
正卿忠骨，
军器铁残。

龙脉皇根，
八国践踏，
秦骑元弓几欲还？
须魂铸，
甲胄更绢寐，
久固川山。

沁园春·改革强军

阔斧开刀，
敢降惊雷，
竞展剑风。
看大江浪啸，
舟拍舰列，
长空云卷，
鹰舞龙腾。
律法如山，
军兵听令，
不盼西归待东风。
须拔剑，
斩雄关险堑，
迈步征程。

时逢指路明灯，
引无数英雄献忠诚。
念昔时魂骨，
抛头洒血，
今朝阳火，
破雾攀峰。

漫道岧峣，
雄关险峻，
莫问寒天有几层？
观晴日，
战旗立天地，
冉冉高升。

沁园春·巨龙出水

云涌潮升，
碧浪挟雷，
雪雨卷寒。
叱大江千里，
波涛滚滚，
长空万丈，
风刀绵绵。
吼啸一声，
惊连浩宇，
百抖金鳞撼岳山。
阴霄散，
仰巨龙出水，
直上云端。

福光天地登临，
海江浪头扬旗立帆。
望马横漠野，
方生青绿，
鸽翱云穹，
尽缀红蓝。

龙运天时，
中华崛起，
华夏儿孙日月攀。
承先祖，
续龙魂血骨，
立地开天。

作者感言：这首《沁园春·巨龙出水》是我与著名画家龙黔石先生共同创作完成的。龙先生一生致力中华龙文化研究，令我敬仰。他的作品独出心裁、惟妙惟肖、恢宏大气，将中华传统文化与民族地域文化紧紧融合，彰显出不俗不媚的独特气质。他的作品多次伴随神舟飞船遨游太空。巨龙出水，寓意就是要表达中华民族这条沉睡的巨龙已崛起，飞腾直上九霄云天。我们坚信习近平主席所提出的中国梦，在全国人民的共同努力下，必将实现。

沁园春·长剑出击

火箭军兵，
千里孤荒，
万里寂寥。
恨风掀帐垒，
沙石滚滚，
雪遮肤骨，
冰雨滔滔。
力揽惊雷，
狂飙铁火，
不晓苍穹有几高？
开霹雳，
挽弓朝日月，
直上云霄。

中华不尽英豪，
隐大漠深岩铸剑刀。
望雄鹰险堑，
巅峰远上，
黄龙虎阵，
碧海极遥。

锁定风云，
鞘出雷电，
浩宇乾坤显风骚。
五十载，
不忘峥嵘史，
续辟新朝。

沁园春·风雷

日斩幽暝，
月送灰阴，
破垒断垣。
望巍巍天地，
层林青翠；
茫茫穹宇，
绿水长延，
猎猎春风，
潇潇剑雨，
竞破尘霾万里烟。
燃星火，
玉龙登清宇，
映照瀛寰！

江山海阔天宽，
尽天下凡身知暖寒。
闻百台炉灶，
犹增苦涩。
千家油炭，
亦起寒酸。

峰路重重，
浪舟滚滚，
纵是才雄难跃关。
惊雷落，
起英风正气，
今挽狂澜。

沁园春·朝晨感言

马踏狂沙，
鹰卷寒风，
燕掠潮头。
看胡杨春华，
贯连天地；
松竹雪鬓，
遍染春秋。
万里疆关，
千军帐垒，
不见刀枪亦见愁。
心寥廓，
顶苍穹日月，
岂为封侯？

吴钩旗鼓难休，
利刃斩残延岁月稠。
起南冥驱雾，
尽收礁屿。
东风震浪，
荡破鱼舟。

昂首青云，
迎逢赤火，
一力担当无欲求。
思今日，
惜风华正茂，
更上层楼。

沁园春·粮田

万古春秋，
越海攀峰，
何处浪渊？
望川林草落，
常滋沃土。
殿堂陋室，
久卷炊烟。
染血锄镰，
挟雷风雨，
百历沧桑几暖寒？
观云路，
天下民心铸，
必倚粮田。

江山再起熊烟，
引无数才雄斩剑关。
喜忠臣良将，
进言献策。
文魂武魄，
拔佞诛奸。

尽洒金黄，
遍升灯火，
自古君民一线牵。
铭心骨，
厚土撑日月，
耕立江天。

作者感言： 好剧本《天下粮田》荣获国家2016年度优秀电视剧剧本重点扶持引导项目，并且在《中国作家》杂志长篇幅发表。高锋先生为了创作该剧本，十几年来呕心沥血、旰食宵衣，大幅搜集、查阅、调研各种相关史料并加以整理修改。其一波三折、悬念迭起、扣人心魂的精彩剧情，足见其深刻的文化内涵和反映社会实际粮食问题的精准到位。《天下粮田》是一部非常有看点的正能量古装剧，它作为央视成功热播剧《天下粮仓》的姊妹篇，由金牌制片人俞胜利老师担任总制片人，著名导演阚卫平担任总导演，相信一定能够在中国的优秀电视剧行列中留下不朽的一笔。我谨以一首《沁园春·粮田》向经典致敬。

沁园春·思念

西域寒疆，
漠北狂沙，
万里雪山。
仰高空桂魄，
雾霭封固，
金光阳火，
云腻狭穿。
沥血思心，
驰奔浩宇，
竞引东暝起浪翻。
执痴念，
绸缪飞入梦，
夜醉无眠。

古来多少红颜，
引无数才雄竞跃攀。
叹桃花红雨，
一朝风月。
高山潭水，
百载伤寒。

壮士英豪，
力拔岭岳，
难斩情云万缕烟。
言非尽，
谁知柔肠苦？
只问苍天。

沁园春·西三旗

晴卷祥风，
夜绽宵灯，
乐鼓不息。
望永泰小营，
千楼涌立。
东升龙岗，
万乘飙急。
翠染层林，
柔沾碧水，
透骨花香引月痴。
欢歌奏，
看青丝雪鬓，
仰展英姿。

龙蛇宝地居栖，
助无数才雄伴梦驰。
扬雄威军旅，
常磨剑骨。
恢宏学府，
尽孕真知。

商企翔天，

科工拔地，

两带三轴升此时。

观云处，

红日凌浩宇，

永照三旗。

满江红·望江月

瞭望江天，
龙跃起，
瑕尘不复。
忆当年，
楼阁华筵，
殿堂歌舞。
文谋虚辞吹玉宇，
兵臣杯酒言忠武。
叹今时，
花叶落千枝，
随风去。

少有志，
迎风雨。
修正果，
失归路。
顶恩泽，
腐肉岂埋乡土？
亮剑拔刀无反顾，
杀敌破阵惊寰宇。
仰桂魄，
万里照清风，
出忠骨。

满江红·饮血

雨夜风寒，
人难寐，
锥心刺骨。
仰苍天，
雷鸣霹雳，
叱击天幕。
百万雄师魂比剑，
三军将士气如虎。
枕刀戈，
饮血斩倭人，
归疆土。

飞浪溅，
边马渡。
乱石卷，
天兵驻。
报国心，
血洒长城永固。
天下江山未尽统，
中华好汉谁当属？
愿天赐，
雷电化锋刀，
除国辱。

满江红·穆桂英

烽火中原，
千百载，
横戈杀戮。
凝眸处，
长城内外，
潇潇烟雨。
飞将拔刀流碧血，
女杰向月抛忠骨。
穆桂英，
挂帅破天门，
降龙虎。

迎霜雪，
开天路。
枪挑剑，
刀锋舞。
望苍穹，
又见风击雷鼓。
战马踏背断铁臂，
尖枪刺颈穿头骨。
血娘子，
怒叱起风云，
垂千古。

满江红·忆甲午

苍莽神州，
忘不尽，
百年风雨。
凝忆处，
硝烟烽火，
尸横无数。
飞剑拔刀流碧血，
屠狼斩狗遗忠骨。
葬海天，
旭日射青魂，
召千古。

英雄血，
流故土。
胡虏肉，
丢残路。
志当存，
誓卷百年国辱。
沥血呕心磨快剑，
卧薪尝胆开神弩。
齐心聚，
热血染晴天，
国神武。

念奴娇·木兰从军

水天澎湃，
望江月，
惊浪涛声千古。
烈女英豪，
流碧血，
不尽风流人物。
跨骑挟刀，
从军替父，
甘受男儿苦。
忠肝孝烈，
唯有木兰当属。

万里傲雪急风，
铁冰寒彻骨，
直奔天路。
飞卷长鞭，
拔战场，
必破玄奇兀术。
饮血柔然，
横戈十二载，
不求功禄。
巾帼风骨，
盛名青史永铸。

自度词·长征

雪浪铺天，
怒卷飞沙，
万里草残。
顶枪林弹雨，
身坚无顾，
剑星刀火，
勇往直前。
铁索狂轰，
悬崖滥炸，
直染霜天竟血烟。
军心聚，
舍身拼杀场，
一马当先。

横刀亮剑天关，
高举赤旗奏凯旋。
渡金沙大浪，
乌蒙五岭，
勇挫绝境，
力挽狂澜。

万水千山，
一生九死，
所向披靡献忠肝。
英雄血，
尽洒长征路，
日月同沾。

自度词·天下粮田

万古春秋，
尘烟客，
谁知酸楚？
望苍莽，
春秋耕耘路，
霜寒苦。
汗雨积川滴沃土，
锄犁染血生粮谷。
扶脊背，
几寸不弯折？
伤神处。

食有饱，
生硬骨。
田谷满，
民心聚。
倚长刀，
斩尽污浊贪腐。
敢教云空滋贵雨，
保仓无悔忠魂铸。
天下粮，
归尽天下民，
江山固。

新春军旅祝福

对联：

空军

1. 上联：送羊踏草岭昨日万里同月美
   下联：迎猴登春峰今朝一国共天蓝
   横批：和平不朽
2. 上联：迎夜雪翔天挂月展鹏翼
   下联：贺猴春掠地平川扬鹰蹄
   横批：青云直上
3. 上联：春风报喜千里鹰鹏直穿云垒
   下联：年日生辉万匹剑甲倒跃峰天
   横批：纵横四海
4. 上联：雄鹰伴礼花穹天如画
   下联：铁马逢年夜地海长春
   横批：空军逢春

陆军

1. 上联：铁马狂奔千层草岭送羊雪
   下联：雄狮长啸万里山河迎猴春
   横批：雪尽春来
2. 上联：春风连碧野长天浩宇升红火
   下联：军胄守长城大地川河染绿风
   横批：钢铁不倒
3. 上联：母泪横江春节长夜思千里
   下联：儿情跨海雪月铁心护万家
   横批：军营为家
4. 上联：骑虎掌弩托猴火长刀扛肩连日月
   下联：跨马挥鞭扫羊风铁剑握手写春秋
   横批：再创辉煌

海军

1. 上联：舟艇破雪浪裹电挟雷出阔海
下联；舰船迎春风追云逐日卷长洋
横批：圆梦海洋
2. 上联：鹰袭千风长空寒霾散
下联：龙卷万水碧海旭日升
横批：海天新象
3. 上联：呈铁胆将帅擒斩四海蟹
下联：贺新春官兵捕抓五洲鳖
横批：枕戈不息
4. 上联：舟艇送旧雪帆卷帆扬同苦乐
下联：舰船迎新春水升水落共酸甜
横批：同甘共苦
5. 上联：军魄驻舰船春秋大梦撑帆浆
下联：乡心藏胸骨日月长情化信文
横批：海梦千古
6. 上联：迎春破雪击冰卷水八千里
下联：踏喜除霜拓土开疆一万年
横批：亮剑今朝

火箭军

1. 上联：东风带喜万里山河绣

   下联：长剑沾福千年谷岭春

   横批：中华锦绣

2. 上联：旧月沾辉龙宫阵直开大道

   下联：新春染彩火箭军竞跃高峰

   横批：再上新峰

3. 上联：铁骨当存磨剑万里固泰岳

   下联：红心必伴砺魂千年拥国邦

   横批：永葆忠诚

4. 上联：长剑久傲雪横戈待战磨寒骨

   下联：大国时逢春起舞生歌抱暖烟

   横批：保家卫国

5. 上联：守战地碧血长流迎雪卷

   下联：忠家国丹心不朽傲春来

   横批：军魂永春

6. 上联：火箭军击雪斩雾翔天掠卷

   下联：龙宫阵踏春迎灯破地崛升

   横批：步步高升

7. 上联：歌长剑雄峰铁谷独当龙首

   下联：颂火军大漠寒川统领风骚

   横批：独领雄风

8. 上联：贺旧年长剑磨锋城邦固

   下联：迎新岁军魂染血春秋延

   横批：永固国邦

武警边防

1. 上联：献血骨奔边陲四地沾喜
   下联：忠家国守阵地八方送福
   横批：春喜临营
2. 上联：漠雪非寒兵心生烈火
   下联：岛烟不浊军骨立青魂
   横批：正气伴春
3. 上联：千军雪夜铁装立不顾风血骨
   下联：万众春节华服穿当惜玉肤身
   横批：奉献为民
4. 上联：战友雪夜尽狂歌展喉多百路
   下联：乡亲春时需纵酒端杯少一人
   横批：军营为家

诗词：

（一）

春召暖日送冬雪，火箭军兵染笑颜。
剑载喜风舒阵地，龙出福谷绽春烟。

（二）

非羡华都杯酒醉，躬身谷岭顶冬风。
节逢哨夜非思故，碾破乡愁伴剑升。

（三）

五十雪月挟雷斩，不负威名万里横。
迈步此阶非极顶，再瞰浩宇上新峰。

（四）

狂燃节火除身冷，岭谷灯明破夜昏。
军舞兵歌飞阵地，酒融剑魄贺新春。

祝福短信：

（一）

我们在阵地
父母是心里的船
划着船
游向思念的港湾
我们在阵地
钢枪是精神的帆
撑着帆
吹响战斗的号角
我们在阵地
长剑是灵魂的根
带着根
飞跃使命的穹天

我们在阵地
默默祝福
我们在阵地
静静守候
我们在阵地
时时想念

春天啊！
你来了
让我们用坚守阵地的青春
回报祖国人民的养育

（二）

是春雨
拍击我心头
让我掀涌眷恋的浪花
是春风
吹拂我身躯
让我抽卷念乡的微尘
是春雪
梳洗我发梢
让我飘逸思亲的银絮
是春节
沉淀我灵魂
让我托扛国防的重担
为家、为国、为人民而托扛
春
是我们精神的春
是全国人民幸福的春

（三）

兄弟
我们同饮一杯酒
为打赢而醉的酒
兄弟
我们同站一班岗
为职责而立的岗
兄弟

我们同睡一张铺
为使命而梦的铺
兄弟
我们同唱一首歌
为铸剑而唱的歌
兄弟
我们同有两个节
一个是气节
一个是春节
让我们用气节来祝福全国人民的春节

（四）

碗里的水饺
是我心头的肉
空中的烟花
是我精神的灯
战友的歌舞
是我青春的火
阵地的长剑
是我军旅的梦
梦
在寒冬、在酷夏
梦
在深谷、在绝岭
梦
在春节、在元旦
我都在坚守
永远坚守

毛主席

你和太阳共同升起，
照耀着华夏沃土，蓬勃生机。
你和春风共同吹拂，
孕育着九州四海，熠熠生辉。
你和希望共同迈步，
带领着中华儿女，奋勇挺进。

你坚定高尚的信仰，
传播马列主义，为人民当家，义无反顾。
你追求永恒的真理，
引领革命航程，为星火燎原，勇往直前。
你高举鲜明的旗帜，
纵观全局战略，为中华复兴，奋斗终生。

你高瞻远瞩，满腹经纶，博古通今。
你胸怀大略，经世致用，安邦定国。
你仰望苍穹，心怀天下，情系万民。
你功垂千古，天地瞻仰，古今共赞。

你是伟大的领袖，你是人民的导师。
你用你的思想引领着日出东方，
引领着巨龙崛起，
引领着中华民族不断克服艰难险阻、峰回曲折，
在新时代道路上，不断昂首阔步。
太阳最红，毛主席最亲。

作者感言： 毛主席，伟大的领袖，人民的导师，是他带领中华民族取得了新民主主义革命的伟大胜利和实现民族解放、国家独立。我们将永远铭记毛主席的教诲，为共产主义事业不懈奋斗。在您逝世40周年之际，我作此诗，表达我对您崇高的敬仰和深切的缅怀。

不忘初心

风来雨往
回首百年兴衰
扫一幕江河耻恨
望一片青山妖娆
不怕苦难
试看谁领风骚

日升日落
仰望碧空云霄
闯一番烟云飘摇
留一抹枝繁叶茂
同舟共济
荡尽海浪波涛

漫道迢迢
走过春秋大潮
唱一首奋斗无悔
写一生忠诚骄傲
不忘初心
昂首阔步明朝

鲜血洒在炎黄的沃土
生命献给崛起的国度
我们踩着英雄的足迹一路走来
党旗下的誓言是我的全部

永远追随旗帜的脚步
不曾有过恐惧的痛楚
我们迎着烈火的朝阳一路走来
光芒里的世界是我的道路

我知道
我的道路布满荆棘
我知道
我的道路堆积冰雪
我知道
我的道路曲折坎坷
但梦想的世界呼喊着英雄的儿女
理想的光辉映射着奋斗的身躯
骑上奔腾的马背
在浩瀚的烟波中穿飞
在汹涌的浪潮中挺进
绝岭天堑也要一马平川
千沟万壑必将是一片坦途

不忘初心　继续前进
我用我沸腾的血液
去浇灌华夏的江河
不忘初心　继续前进
我用我坚硬的臂膀

去拥抱粗犷的原野
不忘初心　继续前进
我用我青春的激情
去点燃奉献的火热
不忘初心　继续前进
我用我嘹亮的歌喉
为祖国而放声高歌

不忘初心　继续前进
先躯的基因孕育红色的生命
先烈的苦难磨砺战斗的臂膀
无悔的初心装载不摇的信仰
不朽的初心锻造前进的力量

澎湃的热血
燃烧给胸膛
如火的滚烫
给予了生命的温度
挺直的脊背
支撑着栋梁
如山的挺拔
给予了精神的力量
每跨过一座山峰
视野就会更宽阔无垠
每渡过一片海洋
胸怀就更加浩瀚无边
高高飘扬的旗帜
召唤着　同志战友
团结着　兄弟姐妹

让我们拥有同一个信仰
让我们为了同一个梦想
不忘初心　继续前进
我们坚信
强军梦　中国梦就在我们脚下的前方

作者感言：2016年7月1日，在庆祝中国共产党成立95周年大会上，习近平总书记深刻阐述不忘初心、继续前进必须牢牢把握的八方面要求，对全党在新的历史起点做好党和国家各项工作，指明了前进方向，明确了行动指南。此诗是我与解放军某医院孙墨琼医生共同创作而成，我们作为党员、作为军人，我们将时刻牢记使命、忠诚于党，为党的事业而牺牲奋斗。

我是一个兵

我是一个兵
远离了儿时倾闻的花香
浑身都沾满了征途疆场的泥浆

我是一个兵
割舍了谈情说爱的时光
全身都奔涌着热血气盛的阳刚

我是一个兵
冲淡了花样年华的时尚
整身都印刻着翻滚摔打的硬伤

我是一个兵
我从不向困难低头
因为没有困难的磨砺
就会让灵魂充满惆怅

我是一个兵
我从不向低俗献媚
因为没有骨头的皮囊
是不能披上戎装去驰骋沙场

我是一个兵
我从不因失意而落魄
经不起摧残的精神
就不会有浴火的凤凰重生

我是一个兵
我从不因羡慕而嫉恨
因为不撑海洋的胸怀
就无法在风浪里徜徉

站在繁华都市的角落
我显得那么陌生羞涩
整齐的步伐跟不上浪漫的节奏
但落地的声音却震彻有力
走进耀眼斑斓的世界
我显得那么简单粗犷
坚毅的表情融不进沉醉的美梦
但凌锐目光却洞查四方
坐在觥筹交错的酒场
我显得那么孤寂彷徨
质朴的交谈追不上魔幻的思维
但如剑的言辞却惊冠四座

我是一个兵
我最挚爱的还是我的家
我身体的家是那身绿染的戎装
我灵魂的家是那面血染的红旗
我情感的家是那些可爱的乡亲
走过悬崖峭壁

走过深山老林
人在哪里扎根
家就在哪里生长

我是一个兵
您的安危住在我最深的梦处
无论遇到狂风还是巨浪
我都愿化作火炉给你温度

我是一个兵
您的希望拴着我最沉的脚步
无论走在风浪还是天险
我都愿化作砖石为你铺路

我是一个兵
军营为我铸牢了忠诚的筋骨
百姓为我滋养了无私的血肉
中华的大地
为我撑托了永远守望的沃土

战　友

什么是战友
是在那战火纷飞的时代
陪你踏越疆场同生共死的兄弟
什么是战友
是在那盛满和平的岁月
和你升腾理想风雨同舟的手足
什么是战友
是在那风华正茂的年龄
与你拥抱青春如影随形的同窗
什么是战友
是在那血气方刚的韶华
与你燃放激情和衷共济的铁杆

战友是谁
是那个在你冲锋时
掩护你为你穿越火线的人
战友是谁
是那个在你受伤时
背起你为你挽救生命的人

战友是谁
是那个在你危难时
保护你为你拔刀亮剑的人
战友是谁
是那个在你绝望时
鼓励你为你萌生希望的人

总有那样的战场
经硝烟烽火
历枪林弹雨
我们处变不惊的心魂紧紧相连
总有那样的沧桑
迎风雪呼啸
碰电闪雷鸣
我们摔打不疲的身体紧紧相依
总有那样的日子
扎深山老林
横大漠戈壁
我们宁静荒芜的生命紧紧相守

战友啊！
你炙热的烈火
总是融化我心头的冰霜
将我的担忧与恐慌埋葬
战友啊！
你澎湃的潮浪
总是冲卷我心魂的尘霾
将我的阴暗与失落扼杀

战友
无论前方是布满荆棘还是阴云笼罩
我们都扬起沸腾的马蹄踏破最崎岖的峰渊
无论前方是沟壑纵横还是九曲雄关
我们都举起锋利的斧头劈开最险固的崖壁
哪里有国土
哪里就有战友挥洒的眼泪和热血
哪里有人民
哪里就有战友不朽的足迹和丰碑

战友
无论是思念还是祝福
无论是同乡还是异域
永远都不要忘记
激昂年少时红旗下的铮铮誓言
永远都不要割舍
青葱岁月那颗闪闪发亮的红心

兵

在谈情说爱的岁月
是谁消散了缠绵的激情
爱与被爱都在思念中恪守了永恒
在霓虹璀璨的世界
是谁破碎了青春的奢望
梦和理想都在风雨中无声地升腾
在痴欲横流的时代
是谁闭紧了贪嗔的醉眼
魂与气血都在生命里激荡地奔涌

狂风怒号、飞沙扬砾
卷起的尘土不曾侵袭暖心的阳光
阴霾缠绕、险象不绝
盘伏的深渊不曾阻隔冲锋的脚步
千钧压顶、背负雷霆
撑顶的钢刃不曾穿透坚守的脊梁

兵
邪恶的终结者
正义的代言人
战斗的急先锋
和平的守护神
没有你的世界
就看不到祥云碧洒的蓝天
就闻不到沁人心脾的花香

兵
灵魂之躯
生命流淌忠诚的血液
在国家危难时不顾生死
在军令召唤时挺身而动

兵
情感之躯
生命树立感人的丰碑
在亲人离去时坚守战位
在儿女出生时聆听警钟

兵
血肉之躯
生命迸出惊天之巨力
在急流险滩中斩涛搏浪
在熊熊烈火中纹丝不动
一颗充满血性与情怀的心脏
每一次跳动都转化成力量
播洒在祖国每一寸山河

兵
战争的年代尽望你的身姿
赤膊白刃、横刀立剑
和平的时代倾闻你的气息
厉兵秣马、枕戈待旦

兵
危难的人们紧靠你的胸膛
风雪共路、鱼水同生
富饶的大地勾连你的脊背
无悔执着、撑托日月

兵
家乡的老人盛满你的暖流
驱寒化冰、温润身心
教室的孩子装填你的理想
守护新生、孕育朝阳

兵
铁骨撑顶戎装
忘却冰冷忧伤
永远都是庄严威武的模样

兵
征程写满荣光
折碾雪冷冰霜
永远都是人民依靠的温床

兵
青春压进枪膛
足迹跨越八方
永远都是血火燃烧的金刚
关陲大漠
林海雪原
边疆海岛
深山峡谷

兵
你永远是那个昂首挺胸、握紧钢枪、屹立不倒
为保卫家园而永无休止的强大生命体
在传颂英雄的史篇里演绎传奇

美丽中国

我爱你　中国
你拥有着美丽的容颜
你将你的铁骨堆积成峰峦雄伟
巍峨高耸的千古名山
屹立在东方大地
绵延不绝、独领风骚
我爱你　中国
你拥有着美丽的容颜
你用你的血液奔流在波澜壮阔
波涛汹涌的江河湖海
滤洗尽中华尘埃
江山如画、风采妖娆
我爱你　中国
你拥有着美丽的容颜
你用你的发肤编织成遮天蔽日
枝繁叶茂的碧绿森林
浸染绿色的祖国
色彩斑斓、清秀无浊
我爱你　中国
你拥有着美丽的容颜
你用你的身躯承载着一望无垠
生机盎然的广阔天地

孕育中华的明天
祥云笼罩、日月壮美

我爱你　中国
美丽的　中国
你历经了风云变幻、沧海桑田
你凝结了思想精华、民族精魂
你尽显了中华神武、大国风范
你创造了华夏文明、中国力量
你是中华民族为之不懈奋斗的终极目标
你是全国人民为之昂首挺立的最重基石
你是共产主义为之实现到来的根本因素
你是人民的母亲
没有母亲的人民就是失落的孤儿
人民是你的子女
没有子女的母亲就是无骨的残身
祖国与人民就像是大地的高山和石土
高山靠石土堆积
石土靠高山守护
人民与祖国从未分离
只有美丽的祖国才有幸福的人民

多少次
被属于你的舞蹈而深深沉迷
肢体表达了细腻的情感
深刻的思想、鲜明的性格
我的精神与灵魂啊!
像打破了时空维度而捕捉精彩

多少次
被属于你的歌声而深深陶醉
音符弹奏出悦人的旋律
高昂的激情、似水的柔情
我的情怀与心灵啊
像纵情于万里山河中挥洒豪迈

多少次
被属于你的书画而深深感动
笔墨泼卷出中华的韵骨
刚柔的魅力、阴阳的并济
我的灵感与思绪啊!
已经纵跃春秋古今而探寻瑰宝
中国啊
美丽的中国
我多想
在属于你的每一寸沙漠
都栽下一棵小树
留下一丝翠绿
我多想
在属于你的每一块旱地
都洒下一汪雨露
润泽一块沃土
我多想
在属于你的每一个荒野
都留下一阵笑声
让荒野不再荒凉
让美丽的中国不再有孤独的土地

中国啊
美丽的中国
你是我们永远的家
你是我们永远共同的母亲
母亲啊
你牵动着十三亿中华儿女澎湃的心跳
母亲啊
你点燃了十三亿中华儿女激情的火焰
母亲啊
你指引着十三亿中华儿女奋斗的明天
你永远青春年少
你永远朝气蓬勃
你永远英姿飒爽
美丽的母亲
美丽的中国
你用你全部的美正在承载一个伟大民族的崛起

我的战争

昨夜的冷风还刺扎着今天灵魂的支架
昨夜的烈火还灼烧着今天梦境的碎片
昨夜的阴影还笼罩着今天精神的锋芒
属于战争世界的恐惧与凶狠
时代的变迁却从未被淡化
它像一把尖硬的锥子刺进了我的心灵
让理想、青春与信仰缺失了自由与虚幻

青春啊
被热血与烈火冲卷
还依然澎湃脉搏激情
信仰啊
被钢枪与利剑砍磕
还依然傲挺肩背胸膛
理想啊
被死亡与生存争夺
却依然思念晴天白云
我的理想
从不是嗜血的虎鹰
也不是贪婪的狼狐
而是一座铸托白鸽翱翔的灯塔
散发出万里光热温暖和平的世界

我的战争
从不是无道的杀戮
也不是邪恶的讨伐
而是一把彪炳千古正义的利剑
凝聚起民族豪气驱诛狂妄的盗匪

我从不掠夺有爱的土地
也从不欺凌无助的生命
更加不会用沾满鲜血的魔爪
去分割来自同一世界的骨肉
但我从不甘受屈辱
被瓜分、被践踏、被掠夺、被奴役的基因
从来不会再生长在新中国的土地上
不屈永远是解放的奠基石
抵抗永远是民族的正能量
侵略者的肉体是欲望的野心吹起的海绵
抵抗者的骨髓是精神的力量撑托的铁壁
铁壁纵使粉身碎骨
不息的灵魂也一定在召唤着未来
战争的时代挥洒拼杀的潮浪
安逸的岁月凝涌热血的豪气

爬过战友的尸体匍匐前进
接过战友的钢枪横纵扫射
趟过战友的血泊迎顶枪炮
战争
是信仰与信仰在战斗
是精神与精神在抗衡
是生命无情摧毁生命

是生命义务支救生命
是舍弃少数人生命去挽回亿万人生命的重生
舍弃生命的你们
是传奇而不是传说
是演义而不是故事
是逝者悲壮的结局而不是生者潸然的诉说

敌机还在狂轰滥炸
而我铁打的机枪仰天朝射
敌车还在喷飞炮火
而我惜藏的炸药伏地而行
在勇者的眼中
血肉之躯不怕铜墙铁壁
炸药钢枪敢打飞机坦克
不怕死的灵魂永远都将是最锋利的武器
最锋利的武器也终会被怕死的身躯丢弃

战场上
顶起炸药包的背影
也许是生命中最后一张呈现世人的画面
战场上
托起机关枪的身躯
也许是生命中最后一个屹立大地的瞬间
战场上
拉响手榴弹的轰声
也许是生命中最后一次震彻天地的巨响
为了这一声巨响
我知道你早已浑身沾满烈火
早已全身枪疤弹孔

但你却把生命偃息的一刻
留给了敌人冲上来的刹那
可无情的你
却把遗书交给战友
却把血骨洒在战场
却把悲痛留给亲人
中华的儿女啊！
有多少不曾享受幸福的血骨
为民族的事业却埋给了荒无人烟的土地

战争
是信仰与精神在决斗
是战略与战斗在争锋
是肉体与钢铁的较量
是正义与邪恶的拼杀
邪永不胜正
邪恶的战争是野心家的战争
正义的战争是全民族的战争
我们的战争是民族底线下
最后一颗待爆的炸弹
我的战争是魔鬼的恶爪伸向我们家园时
我喷发出的烈火赤焰

做你的爱人

与你相聚
我珍惜每一个快乐的瞬间
因为它太短暂了
像是晚夜的流星稍纵即逝
与你分别
我回味每一个牵手的时刻
因为它太美好了
像是梦境的色彩涂写现实
与你书信
我品酌每一个爱恋的文字
因为它太心醉了
像是精神的血液冲卷生命的空虚

此生
为你穿了一身嫁衣
却为你收获了执着的忠贞
孤独的岁月便也无怨无悔
此生
为你灼烧一身热血
却被你磨炼出铁硬的性格
生活的阴霾便也不再畏惧

做你的爱人
为你褪掉了亮艳的胭脂
做你的爱人
为你忘却了紫红的世界
做你的爱人
为你舍弃了绚美的妖娆
做你的爱人
为你放下了青春的娇嫩
可就是放不下
那一颗痴眷缠迷的心

我曾想过
与你青山道远、绿草无边
与你天涯海角、分道扬镳
可思念的枷锁却越铸越紧
可真爱的浪水却越发澎湃
澎湃的让一切又都归于沉寂
在沉寂的岁月里却灼烧起了思绪伤感的烈火

我的双眼啊！
被你打湿多次
却总是被无情地擦干
我的真心啊！
为你撕裂多次
却总是被无奈地缝合
我的理想啊！
为你多次放弃
儿时的梦像流水一样滑过我的手
也滑痛了我记忆中火热的青春

每一次看你的路上
心中的话语像飞奔的狂沙侵袭全身
每一次见你的时候
激动的眼泪像冰结的冷水无法流溢
每一次回来的路上
眼前的桥梁锁满浑浊的云烟
让我不愿向前、欲步又止
当我猛然回首
再次呼喊你名字的时候
却又不知你是否在凝视我的相片
或是已经安然入睡

做你的爱人
就像是一棵荒山的花草
虽被阳光照耀
但却是孤独地生长
做你的爱人
就像是一棵寒冬的大树
褪掉翠绿粉红
但却有深厚的根干
做你的爱人
就像是一颗成熟的种子
无论洒在神州万里
还是四海天地
都能生根萌芽

你在我爱的远方也在我心的咫尺
我在你梦的世界也在你身的倒影
在我们各自的屋檐下

在我们各自的四季里
在我们各自的风雨中
我们都在相互凝望
我们都在彼此倾听
我笔下的诗是你给予的爱最深沉的诉说
你高唱的歌是我给予的梦最真切的告白
只要你还记得
我是你的爱人
你永远的爱人
那么我将一生只做你的爱人
直到青春走到最后
我也为你弥留一丝如火的热情
直到呼吸不再澎湃
我也为你卷起一阵心浪的跳动
让我对你的爱与日月同在

作者感言：这首诗是歌颂军嫂对军人的爱，并且以军嫂为模拟第一人称创作，祝愿全天下的军哥军嫂爱情如意、幸福永在。

战士的中秋

同一轮明月下
你在繁华都市
我在深山荒野
你头顶着耀眼的霓虹
我紧握着手中的钢枪
同一轮明月下
你在沙滩椰岛
我在边关大漠
你沐浴着清爽的海风
我触摸着怒吼的狂沙
同一轮明月下
你在醉享佳酿
我在秣马弯弓
你沉浸在枫洒的秋色
我飞奔在夜落的峰崖
同一轮明月下
你与亲人共醉
我与战友同歌
你高举着盛世太平的酒杯
我唱喊着铿锵嘹亮的战歌

明月啊明月
在你的闪亮照耀下
信笺总是沾满泪花
明月啊明月
在你的诗词歌赋里
刀剑从未封卷收鞘
明月啊明月
在你的精神感召下
雄心必将横挂山河
明月啊明月
我的戎装沾满你的光芒
它早已渗透进灵魂

我不迷茫
也不沉醉
面朝雪山我昂首挺立
我不痛苦
也不恐惧
站在界碑我不屈不退
我不酸寒
也不后悔
面朝大海看春暖花开
我不落泪
也不呻吟
明月之下我敬起军礼

我走到哪里
哪里的河流就养育我的生命
哪里的土地就浇灌我的血汗

哪里的历史就掺杂着一份我奉献的青春
生养我的土地
我的故乡
塑造了我的根和骨
我驻守的土地
我的军营
成就了我的梦和魂
军营啊
你是我在故乡的梦想
故乡啊
你是我在军营的牵挂
军营与故乡
都是我的家园
都是我生命中最能感知幸福的港湾

爸爸妈妈
亲人朋友
在中秋月圆的日子
请收回你们思念我的泪水
请放下你们牵挂我的心灵
我生命中远离故乡的每一刻
我生命中驰骋奔横的每一次
都在期盼你们最纯洁无垢的幸福笑容
那是我实现梦想的最大动力
那是我实现梦想的最高目标

我是一名战士
我的中秋
依然是坚毅冷峻的目光

我的中秋
依然是纹丝不动的身姿
我的中秋
依然是坚韧有力的脚步
我的中秋
依然是默默地为祖国人民
聆听警钟、枕戈待旦

中秋啊中秋！
让圆月的光芒衬托出我们无悔的忠贞
让嘹亮的红歌鼓舞亲人、感动故乡、唱响祖国

干事的使命

闪亮的青春你在践行忠诚的使命
我在铸牢信仰的巅峰
和平的年代你在聆听战斗的警钟
我在争夺舆论的阵地
言情的岁月你在悍守无声的大地
我在瞭望远方的虎狼
安逸的世界你在磨砺炽热的血骨
我在鞭策不屈的灵魂

我和你一样
我的血液早已流淌进你的热泪
战斗时
我们一同挥洒
我和你一样
我的脚步早已镶刻进你的足迹
战斗时
我们同进同退
我和你一样
我的情怀早已牵领着你的执着
战斗时
我们仰望党旗军徽
仰望那面千千万万先烈生命浸染的党旗军徽

在枪林弹雨的阵地你是急先锋
在没有硝烟的战场我是主力军
在战术训练的靶场你是排头兵
在掌握官兵思想脉搏和敌人阴谋意图的领域
我是领航员
真刀真枪而又装备先进的敌人是危险的
不动一枪而动摇我军心的敌人是恐怖的
我时刻都在警惕着
警惕着我们思想在变迁
警惕着我们文化被侵袭
警惕着我们行为被诱导
警惕着敌人舆论的刀口
警惕着敌人心理的威慑
警惕着敌人阴谋的施压
警惕着一切被敌人掩盖事实的污蔑

我的墨汁
就是血液
洒到哪里
哪里就沾染一片鲜红
我的话筒
就是炮筒
轰到哪里
哪里就掀起滔天巨浪
我的笔尖
就是钢枪
打到哪里
哪里就变成我的天地
我的灵魂

就是火焰
烧到哪里
哪里就卷起一片燎原之火
这红色的火焰传遍四海、永生不灭

望着那一摞摞厚厚的书本
列队摆放、堆积如山
可有多少被放进心里
可有多少被化成思想
可有多少指导了实践
可有多少变成了韬略
可又有多少传播给了战友和人民
最强大的力量
就是战友与人民
干事的终极使命
就是团结一切能够团结的力量
为我们的信仰干一番事业

我不做
大海中航行的孤舟
我不做
大漠里独行的剑客
我不做
温室里柔弱的花朵
我不做
夕阳下只会呻吟的老人
无论潮起潮落
大海中每一束浪花都是我的兄弟姐妹
无论风狂风啸

大漠中每一粒沙石都是我的同行伙伴
无论雨雪雷电
墙角下每一棵花草都与我同开同落
我不呻吟
也不狂吼
我愿和同行者们一同高唱红色的赞歌

这歌声啊！
它不可以虚张声势、纸上谈兵
它是充满血性的翅翼托升信仰的海拔
这歌声啊！
它不可以虚大假空、不着边际
它是挟裹雷电的刀剑射向使命的标靶
这歌声啊！
它不可以脆弱无力、杂乱无章
它是牵抹朝阳的明灯照耀前行的道路

力战春秋
熬守日月
干事的每一个字句都是一滴眼泪
干事的每一个日夜都是一场战争
干事的每一个经历都是一个故事
干事坚定的是党员的魂
干事引领的是军营的风
干事连接的是官兵的心
干事维护的是官兵的利
干事守卫的是部队的法
干事鼓舞的是打仗的气

干事的使命是奉献
为官兵奉献
为祖国奉献
干事的使命是召唤
召唤起战友
召唤起人民
干事的使命是奋斗
为传播先进的思想理论而奋斗
为构建科学的组织体系而奋斗
为加强党对军队的绝对领导而奋斗

铸剑雄师

无论山有多高
我们必须翻过去
每一块陡石都铺垫一个阶台
无论水有多深
我们必须蹚过去
每一个波浪都绽放一瞬精彩
无论风有多大
我们必须顶过去
每一粒狂沙都夹杂一丝情怀

跨越的台阶是历史进步的足迹
飞腾的浪花是人生奋斗的壮志
迎面的风沙是岁月沉淀的永恒
我们是铸剑师
足迹印刻在铸剑的艰辛历程
壮志挥洒在点火的刹那瞬间
永恒铸就了倚天的长剑纵横

我们是铸剑师
我们不怕困难
困难就是一座座围墙
你若恐惧

它就是囚笼
你会陷入它的黑夜无法自拔
你若勇敢
它就是阶梯
你会登上它的顶峰挥斥方遒
我们恐惧着我们的恐惧
我们执着着我们的勇敢
让恐惧在勇敢面前退缩
让困难在成功面前死亡

看那天上的苍鹰啊
它齿爪有力、目放凶光
看那陆地的野兽啊
它肆无忌惮、横冲直撞
看那海里的水怪啊
它兴风作浪、鬼吼魔哮
谁敢来进犯我们神圣的土地
看
我们手中握着锋芒毕露的长剑
我不是一个猎人
与妖兽打斗的战场上没有我的身影
我是一名铸剑师
是干将莫邪的化身
把信仰与青春浇灌在长剑
把血性与情怀浇灌在长剑
把青春与理想浇灌在长剑
我的剑直斩万里、倒拔岭岳
我的剑披云挂月、势卷苍穹
我的剑仰天长啸、震啸琼宇

我的剑闻令而出
万剑齐飞、例不虚发
我的剑听风而动
神州万里、鞘定风波

用剑者在远离花香的世界枕戈待旦、狂飙地火
铸剑者在没有人烟的土地秣马弯弓、锻造天雷
铸剑师啊！
三十年里风雨飘闪
两万里路云月飞横
走过东南海岛
深入中原腹地
踏向大漠戈壁
飞越林海雪原
每一个迎着桀骜东风的春秋
每一个伴着妖娆冬雪的日夜
都祈望神剑破地而出、扶摇直上

从研发到锻造
从试验到交装
我们洒下的每一滴汗血都融入长剑
从数量到质量
从使用到监测
我们思想的每一次跳跃都倾情长剑
剑是战场的尖兵利器
剑是慑敌的镇山法宝
剑强则兵强
兵强则国强
国强则民强

历史
铸就了一个镆铘、一个干将
他们告别了冷兵器时代
今天
涌现了千万个镆铘干将
我们铸造的是倚天长剑
更远、更快、更准
是我们精神风标
从固定发射到机动发射
从择机发射到随机发射
从液体型号到固液并存
从覆盖打击到精确打击
从概略瞄准到有效毁伤
五十年
我们的脚步不曾放缓
五十年
我们的探索不曾间断
五十年
我们的思路从不落伍
没有技术就加大投入
缺乏人才就大力培养
不让一个螺丝拧不紧
不让一个数值测不准
不让一个岗位出差错
不让一发导弹成哑弹
是我们永远践行坚守的职业信仰

贫穷落后的时代
我们能把导弹送上蓝天
今天的我们
信心与毅力依然不减
对党忠诚
矢志铸剑
科学求实
创新超越
甘于奉献
我们决不会输给初创的那个年代
我们会用实际的行动
我们会用坚贞的信仰
无愧于民族
无愧于国家
无愧于利剑
用生命去铸就
长剑雄师

大国海疆

心啊
怦怦怦怦地在跳动
急促的呼吸
打乱了理性的思考
心啊
怦怦怦怦地在跳动
如雷的眼神
绽射出血性的光芒
心啊
怦怦怦怦地在跳动
冷峻的表情
透显出无畏的坚强
心啊
怦怦怦怦地在跳动
羸弱的双肩
担负起祖国的边防

争议、争议
不需要争议
我的地盘我做主
煽风点火的人永远用阴谋诡计来
挑唆旁人的斗争

评判、评判
不需要评判
我的主权我来判
存有野心的人永远用君子的皮囊
掩盖小人的本色
裁决、裁决
不需要裁决
我的海疆我的家
嗜血如命的人永远都不会去考虑
被割肉人身体的苦痛
还有那民族精神与灵魂的创伤

道义的铁蹄下是无耻的勾结
民主的外表后是侵略的本质
所谓的判决不过是利益的分配
小丑啊小丑
你们上演的闹剧
一次次在世界舞台上哗众取宠
胡闹和调皮是孩子的舞台
正义和拳头才是强者的战场

远方的鹰
请你不要靠近我
我凌空的长剑一定射断你的翅膀
身边的狗
请你不要靠近我
我手中的棍棒一定会敲碎你的头颅
还有那些南海的鱼虾
你若敢来
我必让你葬身海底自取灭亡

火焰啊
你在我血液中燃烧吧
力量啊
你在我骨骼里奔涌吧
浪潮啊
你就在我情怀的世界
尽情咆哮吧
咆哮在那祖国的海疆
它掀起的每一滴水
都掺杂着炎黄的味道
它卷起的每一阵风
都洋溢着自信的微笑
过去、今天、未来
永恒不变的是国旗下
你湛蓝美丽的色彩
大国海疆
在大国的界碑内
在大国的家园里
大国的儿女
永远为你瞭守候
永远为你自豪骄傲

烈 士

为什么
你从不屈服于强盗的刀枪
为什么
你从不退缩在火焰的战场
为什么
你从不怕惧魔鬼狰狞的面庞
因为你有一颗红色的心
它支撑起了血性的阳刚
就算是粉身碎骨
也遮掩不住勇敢的锋芒

为什么
你没有选择苟且的后退
而是生死的较量
为什么
你没有选择懦弱的守望
而是灵魂的奏响
为什么
你没有选择平凡的苟活
而是伟大的死亡
因为你有一腔忠诚的血
它掀起了不屈的热浪

它冲破一切挫折阻碍
在养育母亲的大地上贲张
在诉说历史的长河里浩荡

烈士
你生是一座山峰
巍峨高耸、直入云天
不惧风雨雷电的肆虐
那是一座保卫祖国的铁墙
烈士
你死是一道光芒
透穿日月、震烁古今
照射江河山川的生命
那是一道振奋灵魂的锋芒

烈士
清明的日子总是烟雨纷纷
我知道那是你隔空传递的一股力量
有了这股力量
我的灵魂就不再孤独
空虚的精神世界里
填满了信念的阳光

再也看不到黑夜的漫长
因为你是信仰的引航
你的死亡是生命最美丽的绽放
你的死亡是撞击灵魂最强劲的力量
这是你留给我们的财富
我们雕琢你光辉傲伟的形象

我们赞颂你丰功伟绩的歌唱
这不是你的希望
你的真正希望
是那充满正义的战场
我们兄弟盛满弹药的枪膛
向敌人迸发出愤怒的火光

烈士
岁月的流逝
你们并没有被遗忘
那沧桑的碑墓
仍是纪念鲜花的海洋
虽然有人把你们诋毁
虽然有人把你们中伤
虽然有人透露着轻蔑、无视
但那只是无知的张狂
我相信
那激情的传递
让我们仍不畏死亡
我相信
只要敌人来犯
我们就会誓死抵抗

烈士
你走了
也许是被钢枪刺中胸膛
也许是被子弹打破脑浆
但你为之奋斗的世界
却是一片大好河山的风光

森林与土地肥沃苗壮
河水与溪流激情奔淌
鸟儿与花枝惬意高唱
无忧的少年快乐生长
还有那威武的官兵为祖国日夜坚守、聆听警钟的敲响
这就是你的祖国
是你用血骨搭建了
人民头顶上不受风雨的房梁
这也是我的祖国
给予了我信仰和理想
告别无知的疯狂
我默默守候在你身旁

无尽的瞻仰
在长河日月里瞻仰
在莽莽乾坤中瞻仰
在雷电星光下瞻仰
当危难到来时
我们也要像你一样
不顾一切地冲在最前方
决不让强盗将我们侵犯
追求和平的民族将永远紧握
手中的刀枪

导弹工程兵

我哭泣了
我很少哭泣
但为什么这一次
我却把眼泪
倾洒在大山深处
倾洒在你们的脊背上

是不是因为
当我驾驶汽车的时候
你驾驭的是穿山甲
当我转动笔杆的时候
你挥舞的是铁锄头

是不是因为
当我徜徉商场的时候
你坚守在地下岩层
当我沐浴海风的时候
你蹚卷在污水泥浆

是不是因为
当我享受新鲜空气的时候
你呼吸的是粉尘和水汽
当我与恋人相依偎的时候
你的恋人却在梦里

不
谁说你的恋人在梦里
她就在你眼前
她就是深山
她就是岩石
她就是坑道
你们常年相伴相守
你们日月不离不弃
“她们”早已嫁给了你
导弹工程兵

你呀
是我们精神上追赶的航标
一次次击中我情感的泪点
你呀
是我们军营里永远的骄傲
一次次让我认识自身的渺小
你呀
是以山岩地下为家的英雄
自从我熟知了你
再苦再累
我也再没有发出抱怨的声音

日出日落
你在山里
花开花谢
你在山里
春来秋往
你还在山里
扎根在那常年不见天日的岩洞里
但是你的世界里
从不缺少阳光的照耀
因为在你身上
我从来看不到阴暗与灰蒙
灿烂的阳光倒映在你们脸上
闪烁的光芒照耀在我们心中

虽然你弯腰弓背
但你的脊梁像大山一样傲耸
你的信仰像大山一样坚定
虽然你沉默不语
但你的大爱倾诉给崇山峻岭
你的真情倾洒给大漠戈壁
看似平凡无味的生活
但你却经历了多少生死考验
山体滑坡
岩层崩裂
坑道塌陷
洪水飞淌
泥石流像猛兽一样狂扫我们的阵地
多少人
抛洒了热血

多少人
献出了生命
但你们从不后退
拼搏和前进永远是你们的选择
工期和质量永远是你们的坚持

一排排纵横交错的脚手架、钢筋网
蜿蜒在山峦
一阵阵势如洪钟的敲磕声、号吼声
回响在耳畔
一盏盏闪亮如星的手电筒、探照灯
发散着光芒
这光芒
照亮了你们的世界
也照亮了国防事业的晴天

导弹工程兵啊
你走到哪里
哪里就会响起开天辟地的雄音
你走到哪里
哪里就会竖起火红不朽的旗帜
你走到哪里
哪里就会变成一座座坚不可摧的阵地龙宫
那里的山岩
会被你炙热的情怀所感染
那里的土地
会被你血性的气概所震慑
你们是长剑的筑巢人
你们是长剑的奠基兵

当长剑飞向云际
当长剑划破苍穹
我们永远记住你的名字
——导弹工程兵

作者感言：默默无闻建阵地，无怨无悔扎深山，这是导弹工程兵的真实写照，他们把青春与热血都化作急浪，涌流在不见天日的岩层深处，就这样日复一日，年复一年，他们常年深扎在大山地下，过着不见阳光、呼吸不到新鲜空气的艰苦生活。工作中，无论坑道多么狭窄、多么潮湿、多么危险，他们都要钻进去，在艰难的环境里作业施工，为了确保工期和质量顺利通关，他们也常常日夜奋战，身体受影响，家庭难顾及。他们为党和军队的事业奉献了青春热血甚至生命，是导弹事业中真正的无名英雄！

国防生的梦

有一个梦啊
它早已竖立在我信仰的巅峰
从来不会飘散
为了这个梦啊
轻浮飘逸再也不是我的青春
笃志夯业却铺垫了我的本色
有一个梦啊
它早已扎根在我灵魂的根髓
久久不能自拔
为了这个梦啊
精神的锁链在日夜紧紧绷起
拼搏的热血时时都奔流沸腾
有一个梦啊
它早已深陷在我情感的海洋
从来不被流卷
为了这个梦啊
泪水与呻吟不再因悲痛喷发
热血与叱吼却只为战斗挥洒

我是中国国防生
我的梦
是云空碧月振翅翱翔的雄鹰
我的梦
是苍莽大地伏卧飞扑的猛虎
我的梦
是浩瀚海洋掀潮卷浪的蛟龙
我的梦
是大山岩层登天揽月的长剑
我的梦
是和平年代的默默坚守
是战争岁月的奋勇冲锋
一个奉献的是青春
一个奉献的是生命

自从穿上了这身军装
梦离我更近也更远
近的是身份
远的是目标
那一刻
我的眼中再也没有流洒过柔嫩的目光
那一刻
我的身体再也没有生长出软弱的骨头
那一刻
我的道路再也没有印刻过浅浮的足迹

青春本来就属于烈火
情怀本来就属于海浪
百经烈火的灼烧
千沥海浪的洗卷
而最后那颗不灭不碎的
一定是用信仰打磨的巨石
它永远沉稳厚重
没有信仰的人生是昏暗的
没有信仰做的梦是危险的
没有信仰的青春
就没有澎湃的血液和光明的道路

我的梦
在前方也在脚下
走好脚下每一步去实现前方的梦
我的梦
在心里也在肩上
心中有梦肩上便能扛起责任使命
我的梦
在故乡也在远方
坚守远方就是在保卫每一个故乡
我的梦
在校园也在军营
用好知识文化的力量去建功军营

校园啊
弥漫着怡人的花香
军营啊
沉淀着力量的阵地
我把这股纯净的力量
融贯进我的梦
让我的梦永远不灭
我永远飞走在追梦漫长的道路上
做祖国的忠诚卫士
做人民的英雄儿女
我骄傲自豪
因为　我是中国国防生

我在南海

（一）

碧空倾洒蔚蓝
银浪掀卷浩瀚
飞向一望无际的大海
是你撑起了爱的风帆

椰风吹拂沙滩
群鸟飞向蓝天
看那金色美丽的朝阳
永远照耀我梦的港湾
我在南海
与你心相连
沙滩海浪白云永相伴
相爱到永远

（二）

波涛澎湃的海浪
卷起椰风飞入梦乡
缠绵痴眷的海水啊
洒向你我思念的远方
波涛澎湃的海浪
荡尽岁月风云沧桑
富饶美丽的岛屿啊
让我的心自由在飞翔

南海啊南海
我在南海
幸福荡漾在爱的天堂
爱的天堂

（三）

海风吹拂的沙滩
海浪咆哮壮阔波澜
我在南海彻夜不眠
相牵相守瞻仰梦的容颜

身在远方的朋友
请你到这来看一看
南海我的真爱伴侣
此刻我将撑起你梦的风帆

用真心相伴你到明天
每一滴海水都诉说着无悔的誓言
用真爱拥抱你到永远
每一丝光明都镶嵌给湛蓝的海天

（四）

我化作一粒狂沙
飞融你澎湃的浪花
伴随着潮起潮落
和你一同牵卷云霞

我化作一束轻发
穿连你多情的岛峡
送走了无声思念
我们日夜依然牵挂

南海啊南海
我在南海
看海浪尽情飞洒
请你带我
飞回梦中的家

梦与和平

（一）

船儿把爱洒向无风的江川
鸟儿把爱刻在蔚蓝的晴天
我把我最深厚的爱
埋藏在那苍翠锦绣的青山

美丽的世界啊
倾流着爱与梦想的甘泉
在波涛风雨的浪潮里
扬起梦与和平的风帆

（二）

微风吹来花香
晴空卷起霞光
大地散漫着青春的芬芳
海浪掀开了梦中的帘窗

梦与和平
伴我心飞扬
相约到永久
梦的家园飘洒着无火的风香

（三）

梦啊梦啊你在哪里
在那和平温暖的家
阳光空气都充满了爱
幸福着你我他

梦啊梦啊向我走近
风霜雪雨我都不怕
锦绣蔚蓝与我同在
世界遍开和平花

（四）

走在同一块土地
游过同一片海洋
为了那同一个梦想的家园
我们熄灭了烟火去飞翔

和平的世界
无烟的大地弥漫花香
梦想的世界
无风的海洋浪散帆扬

梦与和平啊
追寻着你追寻我们的信仰
梦与和平啊
追寻着你追寻世界的光芒

一封情书

你是原野上盛绽的鲜花
我是淡绿的青纱
我用我的碧柔
映衬你光艳的面颊
你是天空中舒卷的云朵
我是飞翔的雨燕
我用我的英姿
追逐你梦想的天涯
你是晚夜里挟晖的蟾月
我是如镜的湖泊
我用我的微波
分享你如雪的光华
你是天边托冉的朝阳
我是飞涌的彩霞
我用我的绚烂
迎接你雄浑的勃发

我和你
相识于神州万里
相约在党旗国旗
相爱于军旅营地
相守至海枯石烂

我和你
没有如火的缠绵
却有一生的痴眷
我和你
没有如蔗的甜蜜
却有拼搏的壮丽

你坚硬的血骨里
永远燃烧着我炽热的火
你孤寂的背影下
永远牵伴着我思念的心
你回味的记忆里
永远掺杂着我幸福的泪
你无眠的梦境中
永远辉映着我笔挺的戎装

我永远与祖国人民同在
也与你同在
我是你心里最重的牵挂
永远放不下
你是我心里最美的宝玉
永远洁白无瑕
在你的照耀下
军营是多么的庄严肃穆
在你的拼搏下
戎装尽情将青春挥洒

分别的日子里
走过东南海岛

踏向大漠戈壁
深入中原腹地
飞卷林海雪原
吃风沙、迎雪雨、跨盆地、越高原
日复一日、年复一年
与营帐哨塔为伴
与钢枪利剑共舞
但每当想起了你
那双情深而又充满期望的眼睛
就是我永远前进的力量
人生的春秋刻写了沧桑的烙印
军旅的生涯撑起了搏浪的风帆

你的心永远牵挂着同一面国旗下有我的远方
我的梦永远追忆着同一轮明月下有你的故乡
泪水的浪一次次冲洗柔肠
思念的火却被我压进枪膛
没有枫红和花香
只有烈火与阳刚
为了祖国旗帜的高扬
为了你我无悔的前方
我们坚定不移的爱
默默地奉献给疆场

今天是七夕
让我们永远铭记这个特别的日子
虽然我不在你身边
但我们却从未分离
我为国而站岗

你为我而守候
伟大的爱是平凡的日子里无悔等待
伟大的爱是艰苦的岁月里无私奉献
祝福我深爱的你
永远快乐
——致七夕我挚爱的你

乡　亲

风平浪静的日子
我愿为你站岗
不怕夏热不怕冬冷
你温暖世界永远有我在抵挡冰霜

风雨到来的时候
我愿给你希望
只为回报不计生死
你温馨笑容永远有我炙热的目光

乡亲啊乡亲
穿着你做的鞋
再苦的路
也不再漫长

乡亲啊乡亲
吃下你种的粮
再冷的夜
也拥有光芒

团结起来拿起刀枪

战士把血性装进枪膛
百姓把情怀洒给国防
同一个民族同一个信仰
为走向复兴走向富强

战士把血性尽情挥洒
百姓让情怀源远流长
同一个理想同一份担当
让青春不朽国旗高扬

团结起来拿起刀枪
忠诚写在爱国阵地最前方
不怕虎豹不怕豺狼
山河大地都映照党的光芒

团结起来拿起刀枪
爱国的音魂响彻万里川疆
决不妥协决不退让
战斗的精神传给祖国八方

我记着你

春秋冬夏
忘不了你
山川海洋
忘不了你

你的名字
刻写给染血的国旗
你的故事
传颂成历史的演义

硝烟战场
忘不了你
解放独立
我记着你

我记着你
铁打身躯穿过枪刺
我记着你
一腔热血倾洒大地

我记着你我的英雄
岁月抹不去你的足迹
我记着你我的英雄
在我的心中你永远挺立

我的战友兄弟

多少危难的时刻
受伤的我被你背起
多少风雨的日夜
我们彼此相守相依

待在部队的日子
忧伤失落被你鼓励
执行任务的时候
分分秒秒被你惦记

我的战友兄弟
比亲人还亲的兄弟
同一身军衣同一身正气
无论走到哪里
都不能把你忘记

我的战友兄弟
比亲人还亲的兄弟
同样的旗帜同样的足迹
无论走到哪里
都不能把你忘记

母亲送儿上边关

牵着你温暖的手臂
看你老去的容颜
远行的背囊被你装满
那是爱在我双肩

穿好整洁的衣衫
走上站台把你挽
离别的话语塞进寒暖
那是惦念刻我心坎

母亲啊母亲
洒泪送儿上边关
含辛茹苦望穿了眼
一心盼团圆

母亲啊母亲
无悔送儿上边关
大爱无私家国召唤
相依到永远

铁骑飞在边界线

铁骑飞在边界线
枪刺剑锋撑主权
呼啸的风云任变幻
虎豹豺狼难进我家园

铁骑飞在边界线
寸土不让守河山
战斗的血液正澎湃
敢有犯者必葬我边关

敢与强虏起干戈
大漠疆海定风波
威武雄师气壮山河
不灭敌寇誓不把家还

昨日硝烟未散尽
胸中烈火正喷发
忠诚信仰坚强挺拔
中华儿女卫中华

铁骑飞在边界线
报国血骨正待发
百丈天地任我穿插
中华儿女卫中华

我是你的一粒狂沙

我愿化作一粒狂沙
飞融你澎湃的浪花
冲卷勾连两岸的海峡
那里是我永远的家

我愿化作一粒狂沙
在梦的故土里深扎
望向鸽群托起的虹霞
又勾起我梦的牵挂

被岁月涂洗的丝发
让青春滤去浮杂
把海角连在天涯

被浪礁架起的牵挂
让时间忘却孤寡
把雪月刻给风花

我是你的一粒狂沙
千百年来飞爬摔打
在信仰的界碑
永远坚硬挺拔

我是你的一粒狂沙
根连着我带你回家
在母亲的疆海
我用生命报答

人民不会忘记

那响当当的名字
刻写在鲜红的旗帜
那沉甸甸的事迹
传颂成英雄的演义

风霜雪雨的日子
为苍生舍弃了生死
硝烟漫卷的岁月
为解放打下了基石

人民不会忘记
铁打的身躯穿透了剑刺
人民不会忘记
英雄的鲜血染红了大地
谁也无法抹去
我们灵魂里有你的记忆

千秋中华梦

万里江山经风雨
江山黄土埋忠骨
磨刀砺剑我誓除国辱
雄心不败川山固

千秋中华云涛路
中华英雄铁魂铸
热血澎湃我气势如虎
万丈天地敢做主

巍巍天下稷
千秋中华梦
百年图强今朝开天辟地
滚滚浪潮起
千秋中华梦
炎黄子孙洗雪旧日恨耻

千秋中华梦
梦圆在今时
满怀凌云志
洗雪百年恨耻
洗雪百年恨耻

故乡的山故乡的水

山中旖旎着灿漫的风光
水中流洒出柔婉的芬芳
山水悦耳的音律在耳边回响
走过异乡千山万水却也从未相忘

山中的树木绽放出清香
水中的花草微波中荡漾
山水秀美的画景在梦中萦绕
我也只能在记忆中搜寻为你歌唱

啊！故乡的山
你黝黑的土地是我儿时的温床
让我不再怕雪雨风霜
啊！故乡的水
你哺育我成为撑顶戎装的儿郎
让我满载铁血的荣光

故乡的山啊故乡的水
我带着你的气息走向远方
踏卷着万里的川疆
故乡的山啊故乡的水
我流下真情泪水落入肝肠
在皎月下为你瞭望

走进罗田

聆听你的故事
踏寻热血的传奇
你的每一块土地
都沾染了英雄的足迹

走近你的界碑
跨越红色的山河
你的每一颗灵魂
都颂唱着战斗的壮歌

多少次我含泪登攀
回望你沧桑不老的容颜
激情战斗的号角
在义水河畔倾情召唤

多少次我阔步向前
追逐你百折不屈的尊严
屹立不倒的旗帜
在大别山上迎风招展

走进罗田
走进我青春的向往
多少华夏儿郎
为你心系而梦长

走进罗田
走进我生根的心房
多少中华儿女
为你多情而痴狂

胜利的曙光召唤在前方

满腔热血
意志如钢
战旗上飘扬着铁血荣光
雄师浩荡
威震八方
战歌中回响着热气柔肠

出师迎风雨
破地拔山河
撑顶的戎装
在硝烟中闪烁锋芒
点火捣地府
亮剑震天江
摔打的儿郎
把血骨喷洒在战场

冲锋
冲锋
不怕烈日骄阳
信仰的火焰烧在疆场
胜利的曙光召唤在前方

冲锋
冲锋
不怕狂风巨浪
报国的子弹压进枪膛
胜利的曙光就在前方

散　香

掀一汪秋水静静流淌
流洒在暮色下远方荷塘
写一首相思渐入梦乡
美丽的俏影就倒映我身旁

皎白月光下夜的烛窗
谁为我画一笔醉的忧伤
采一束花枝涂染芬芳
苞蕊里待放着往日的清香

睡梦中缠绵为你而荡漾
只为与你相依守共醉月光
弹一曲佳音环绕在耳畔
此生与你共吟唱

睡梦中痴忆昨夜的风光
只愿为你重回首再聚一方
我愿化脂粉作你的红妆
一生为你散清香
我愿化脂粉作你的红妆
只为你而散清香

落雁沉鱼

万绦翠绿
千叶枫红
却不换你一抹嫣然
湖花映月
芙蓉托水
更不及你一丝芳颜
等一刻
千百年
你拨开我梦中珠帘
爱一世
转瞬间
我静候你风雨如烟
伊人丽质催人醉
踏卷红尘不欲还
沉落水天痴梦苦
朝思暮叹已千年

愿随落雁
飞下云端
翻卷沧海找寻桑田
化作沉鱼
长醉无眠
追逐清流忘却江川

望一眼
乱心弦
你牵扰我思绪万千
沉浪海
荡云天
我追逐你划破尘寒
落雁沉鱼春入梦
痴缠惊醉起悲欢
容颜不朽星云转
思眷无悔挂满天

杨柳依依

不要问多情的江水向何流
不要问远方的烟火几时休
岸边的花草已躺过无数个秋
而君又何时能为我而停留

胸膛的血迹是我刺下的绣
舟帆的裂痕是你写下的愁
踏歌行潮水挥洒悲情的烈酒
回首望却思恋依依的杨柳

刀光剑影是你梦的不朽
离别相思是我爱的长久
痴眷缠绵的风雪
落在那依依飘洒的杨柳
永远为你而停留

相思之水随君去
长醉无休抱思眠
杨柳十年无雪月
依依独饮夜光寒

别时风雪沾寒骨
一去经年几度烟
不悔初心召日月
依依杨柳待君还

春潮夏浪秋时月

春潮夏浪秋时月，
又遇冬霜雪。
梦游暮暮与朝朝，
散尽铅华风雨上眉梢。
紫红万丈临萧索，
晚夜斜晖落。
恨愁青丝几回求？
玉影霞光伴水付东流。

春潮夏浪秋时月，
又遇冬霜雪。
沧桑几度有阴晴，
欲留明心余熏染风清。
芳华韵色犹常在，
不与云花改。
夏秋潮浪起寒冬，
待到春归逢阳又香红。

送 别

夜落飘丝雨，云起惹霜烟。
送君跨马别去，逢聚又何年？
盛景春光瘦尽，旧日云花稀落，诗境倚阑珊。
多少风流曲？对月奏悲欢。
思歌酒，同梦醉，共婵娟。
依依眷泪，流洒碧海卷云边。
墨扫千书万笺，雁过清霄空宇，独领北风寒。
送别千里终须散，朝朝把酒待君还。
壮心不与天涯老，再乘君舟我作帆。

思　乡

秋水春花又雪霜。
几处寒残？几度风光？
楼台岸畔望川江。
思水难收，舟梦芬芳。
泪眼家书对镜床。
恨念俗尘，贪饮词香。
南雷北雨卷斜阳。
不晓阴晴，夜醉思乡。

无际云穹落夜窗。
云影逍遥，星月苍茫。
沉烟旧景卷沧桑。
几处花红？几处风凉？
东起青云北染黄。
半寸肝肠，两地情长。
铁风浩荡起沙狂。
不问沉浮，夜醉思乡。

龙的传人

坚硬的骨髓化立千古城梁
奔腾的血液飞融万里川疆
不怕狂风暴雨
掀卷惊涛巨浪
我们是英勇不屈的龙的传人
在满载梦想的沃土上破地起航

威武的身影盘卷古老东方
不朽的英姿绽射耀眼锋芒
任凭升腾沉浮
永远追逐朝阳
我们是智慧超群的龙的传人
在风起云涌的大潮中走向富强

哪里有龙的传人
哪里就是文化的长廊
哪里有龙的传人
哪里就是英雄的梦乡
哪里有龙传人
哪里就照耀东方的太阳
那是引领世界
永恒和平的光芒

英　雄

——致申亮亮战友

你的血
是飘扬大旗上的一寸鲜红
你的心
是威武营门前的一块热土
你的梦
是冲锋号角里的一根音弦
当梦圆的时候
音弦却断了
可那惊天动地的回声
却掺杂着猛烈的风雨和炎热的阳光
铺天卷地的袭来
那回声
敲疼了我的心
敲碎了我的迷茫
也敲实了我的梦

半床热血半床梦
一寸丹心一座山
你把热血抛给了梦

却把丹心留给了山
梦是你拼搏的旗帜
山是你信仰的宣言
这旗帜
高高地飘扬
这宣言
响彻了云天
当旗帜与宣言走向巅峰
生命便走向了辉煌
信仰的海拔
让人生没有顶点

戎装涂染的绿
鲜血挥洒的红
都是你忠诚的色彩
鲜血是无涯的水
流到哪里
哪里都是红色
戎装是有梦的碑
立在哪里
哪里就有英雄

英雄啊英雄
你身体倒下了
而我们精神却站立了起来
你闭上了双眼
而我们却在久久地凝视

久久地沉思
凝视着我们手中的刀枪
沉思着我们家国的土地
倒下的
是一位英雄的身躯
而不朽的
却是千千万万英雄的灵魂

你是一颗星

你是一颗星
闪闪亮晶晶
流光溢彩的舞台
永远融汇着你激昂的热情
你是一颗星
闪闪亮晶晶
美轮美奂的荧屏
永远跳动着你坚毅的身影
你是一颗星
闪闪亮晶晶
帐垒威耸的军营
永远绽放着你绚烂的生命

你是一颗星
纵横在边陲大漠
狂沙中回响着你歌声的豪迈
你是一颗星
跳动在甲板机舱
浪花里漫卷着你舞步的铿锵
你是一颗星
飞跨在深山谷底
岩石中孕育着你创作的灵韵

你是一颗星
从不曾疲倦
展翅翱翔蓝天
落地扎根沃土
扎根永远是翱翔的基石
你是一颗星
从不曾高傲
外表呈现幽雅
内心沾染朴实
朴实永远是高贵的羽翼
你是一颗星
从不曾软弱
站台鼓舞军心
创作传递力量
力量永远是军心的骨髓
你是一颗星
从不曾陨落
挖掘艺术灵感
凝聚民族情怀
情怀永远是灵感的源泉

你是一颗星啊
一颗星
生长在
共产党的根脉上
闪烁在
解放军的灵魂中
温暖在
老百姓的心窝里

当那战斗的号角吹响
你也是冲锋的身影
你也是拼杀的血骨
你也是战场上
你也是硝烟中
一颗璀璨的星

作者感言： 这首诗是我为汤子星老师而作的。汤子星老师是一位艺德高尚、技艺精湛的当代优秀军旅艺术家。生活中，他热情善良、待人友善，经常给予战友们无私的关心；工作时，他严肃认真、爱岗敬业，经常辛勤工作不分昼夜；艺术上，他追求卓越、打造精品，经常为我们奉献出惊人的作品。在一次全军组织的歌曲创作研讨会上，我十分有幸地与他分到了同一房间，初次接触我有些紧张，但是这些紧张很快被他的热情消除了，他说话朴实，言辞亲切，对我充满了关心与照顾。那一天，我的资历架不慎丢失，他主动从家里取来一副送给了我。尽管这是一件小事，但是让我非常感动，一位军队艺术家能如此真诚对待我这个小兵，这正是他平易近人、德艺双馨的写照。我们接触虽然不多，但他的言行对我的影响很大，身为军队艺术家，就要有高贵的品质和无私的情怀。我要向汤子星这位优秀的军旅作家学习，努力创作出更多符合主旋律的作品。

相　思

月下亭台常信步，凝望江天，冬雪迎春絮。
雁过留声花落处，云来飘卷相思雨。

夜御红妆钟磬响，不老芳心，与梦歌一曲。
非眷娇柔依铁骨，与君同上天涯路。

碧水长流春暗度，镜影苔痕，唯有风如故。
阴雨夜来凋草树，琼枝不败香朝暮。

瓣蕊绽飞花傲耸，卷地清魂，与梦同归去。
休怨红尘离散苦，佳音已过雄关路。

龙

龙
你飞腾于寰宇九天
祥云漫卷
风雷万千
龙
你伏卧于神州苍莽
泰岳挺立
林峰蜿蜒
龙
你翻卷于瀚海澜川
潮飞浪溅
滩涌石穿
龙
你游弋于深岩厚土
金木拔地
气冲云烟

龙
你灵舌吐纳的烈焰
是灼烧穹天的炽火
让昭昭红日
尽显出阳刚的炙热

龙
你唇须喷涌的浪泉
是润泽大地的甘露
让茂茂峰林
勃发出翠绿的生机
龙
你玉目绽射的灵光
是透穿云雾的金霞
让茫茫大地
映射璀璨的光明
龙
你鳞身掀卷的狂风
是涤荡万物的拂尘
让渺渺天宇
霾尘散尽，碧宇晴空

龙
你自强不息
勇往直前
飞翔于云天之上
却望不见你疲倦的身影
龙
你厚德载物
无悔奉献
盘卧于大地山峦
却望不见你高傲的身姿

龙
你挟雷裹电
喷云吐雾
归隐于浪海之底
却听不见你怒号的声音

龙
你不是虚幻的象征
你是力量的源泉
你化作一座座峰林
早已根植在我们信仰的骨髓里
龙
你不是远古的传说
你是挺进的帆桨
你卷起一潮潮浪花
早已开放在我们灵魂的血液里
龙
你不是神秘的图腾
你是战斗的旗帜
你打磨的一柄柄利剑
早已挥舞在我们精神的战场上
龙
你不是凶狠的猛兽
你是和平的卫士
你折下的一枝枝橄榄
早已缠绕在我们祝福的心愿中

龙
你腾云驾雾，追波逐浪
龙
你呼风唤雨，叱咤云端
龙
你的精神
永远在召唤民族的奋起
你的力量
永远在支撑民族的复兴
踏立长城
你敲醒国魂，鞭策子孙
翻卷长江
你降雨吐雷，润泽庄田
飞腾泰岳
你喜卷祥云，造福华夏
振跃边关
你激燃烽火，磨兵砺将

龙
你不是孤独的飞跃
龙
你不是权贵的代言

你恩生九子
为华夏春秋播洒智慧与力量
你播薪续火
为盛世不朽传来希望与新生

你是炎黄子孙
不朽的精神脊梁
你是华夏儿女
丰渊的文化蕴藏
是你的灵魂
孕育了一代代龙的传人
为中华之崛起
风雨同舟，勠力前行

中国龙

盘横九州苍莽，
飞跃万里云穹。
在浩瀚碧海掀卷滔天巨浪，
在烈日长空挥洒绚丽霞虹。
不怕那风雷与山洪，
凭着一身忠勇。
英姿化作精神的图腾，
灵魂创造民族的英雄。
我们是炎黄的儿女，
腾飞世界的中国龙。
面对着祖先与儿孙，
中国人永远作中国龙。
我们是民族的希望，
震撼世界的中国龙。
瞭望那长江与黄河，
心牵着中华的沃土，
升起亿万中国龙。

梦　乡

已是夜深人静的时候，
凝望窗外沉静的月亮。
吸吮着鲜花绽溢的清香。
却无法进入甜蜜的梦乡。
梦乡啊梦乡，
哪里是祖国的大地，
哪里就是我的梦乡。
它给予了我理想的光芒。
梦乡啊梦乡，
哪里是人民的需要，
哪里就是我的梦乡。
它托付给我卫士的钢枪。

已是朝阳升起的时候，
触摸岩石彰显的阳刚。
仰望长剑傲挺的锋芒。
我已经升腾在信仰的梦乡。
梦乡啊梦乡，
哪里是硝烟的战场，
哪里就是我的梦乡。
它实现了我报国的理想。

梦乡啊梦乡，
哪里是艰苦的土壤，
哪里就是我的梦乡。
它赐予了我无悔的担当。

明月照进梦乡的时候，
头顶战旗不尽的荣光。
脚踏万里染血的川疆。
共同托铸起战斗的梦乡。

战士的信仰在血火中挺拔

捽打的铁骨撑顶铠甲，
喷涌的热血压满弹夹。
看前方硝烟滚滚、狂轰滥炸，
我们放下牵挂、誓死拼杀。
正义的雄师冲破关卡，
洒地的热血遍染风花。
看前方枪林弹雨、风火澎湃，
我们疆场亮剑，战地攀爬。
出发、出发，
战斗的雷霆在沉默中爆发。
出发、出发，
战场的刀剑在胸膛中穿插。
出发、出发，
战士的信仰在血火中挺拔。
出发、出发，
战士的信仰在血火中挺拔。

我们奔跑在世界的远方

年少儿时的梦想
在激情岁月尽情奔放
但青春的烈火
燃烧在了孤冷的异乡

爹娘心里的愿望
在和平岁月幸福吉祥
但孤独的冰雪
覆盖了青春的欲望

我们奔跑在世界的远方
那里只有云沙和胡杨
望着听不到牧歌的野草
却在散发淡淡的清香

我们奔跑在世界的远方
那里没有海浪和广场
望着爬满了红叶的山岗
正在诉说岁月的悠长

我们奔跑在世界的远方
望着太阳初升的方向
无悔誓言是青春的脚步
把梦托付给信念的力量

我们奔跑在世界的远方
飞在无边旷野的路上
勇往直前是生命的节奏
让心去坚守追梦的远方

为你吹响号角

敲开你的门窗
捧着花儿高唱
梦想着会有一天
我拉着你的手奔向远方

为你流泪疯狂
为你失落惊慌
我相信会有一刻
我带着你的梦一同飞翔

走过多少没有花香的岁月
幸福是你来到我身旁
送别时看你离去的背影
洒泪而不曾回望

想过多少没有寂寥的世界
那是你我相聚的地方
每一个睡梦初醒的早晨
不是你我在彷徨

我多想你依偎我胸膛
高山海岛也是恋爱的温床
我为你吹响幸福的号角
透过没有硝烟的阳光

我多想你是幸福的模样
林海雪原也是浪漫的风光
我为你吹响青春的号角
找回激情涌动的心房

青春不是年少无知的儿戏

看你忧心生气
说我前途无计
但我倔强的灵魂不曾学会放弃
挫伤落败都是重生时的崛起

说我不切实际
想我难成大器
但我奋斗的脚步不曾有过迟疑
超越一切都是绝望后的逆袭

送我来到军营
我是一名战士
望着你背影心里默默告诉自己
理想归根的大地将创造奇迹

青春不是年少无知的儿戏
还有军营里广阔无垠的天地
我怀揣年少时不变的初心
去迸发那份纯真无垢的勇气

青春不是年少无知的儿戏
就在军营里广阔无垠的天地
我怀揣梦想里伟岸的世界
去追逐一段少年绽放的记忆

青春不是年少无知的儿戏
还有军营里广阔无垠的天地
狂沙黄土被蕴酿的如歌如诗
没有花香的沃土依然拥有传奇

我在深山向你倾诉

牵挽你温暖的手腕，
凝视你多情的容颜，
离愁已悄然爬上我的眉间。

记住你撑忍的泪眸，
留下你沉重的菜篮，
挥别你故作的笑脸，
背影已渐渐消失在我面前。

一天天，
一年年，
云角边的霞鲜红尽染，
营门前的树高耸参天。
头顶上的旗飞扬无限，
而碎心的泪却时时映在眼帘。
从秋冬走到春夏，
从大漠飞入山巅。
迷人的笑脸总在水里隐隐浮现，
感动的话语总在梦中默默召唤，
多少温暖与冰寒都紧扣在我的心弦。

我在海边向你倾诉，
深沉的大爱将化作搏浪风帆。
我在大漠向你倾诉，
无悔的深情将埋进铁血疆关。
我在山谷向你倾诉，
你我的信念将伴随长剑升天。
我在山谷向你倾诉，
摔打的铁骨誓撑顶万里月圆。

天下粮田

金黄的稻谷勾连伏弯宽厚的曲背。
染血的锄镰牵动黝黑沧桑的肤颜。
凌厉的风雪席卷残露褴褛的衣衫。
多爱的大地却压砸扛天的双肩。
风起云涌日复一日，
尽品田间人情冷暖喜乐悲欢。
春去秋来年复一年，
遍尝耕耘风雨轮回苦辣酸甜。
破荒拓土，
续写远古走来的诗篇。
开山辟地，
播种春秋天下的粮田。
天下粮田，
织染南疆北土稳固万里江山。
天下粮田，
支撑民族希望托铸青云蓝天。

年 轻

年轻
它不是白天的霾雾
它是晚夜的星辉
年轻
它不是嫩枝的枯黄
它是老树的翠绿
年轻
它不是青丝的绝望
它是雪鬓的激情
年轻
它不是信念的松缓
它是血液的澎湃
年轻
它不是精神的懈怠
它是灵魂的舞动
年轻
它不是青春的凋残
它是希望的呼唤

只有鬓角的下垂
没有光芒的散落
只有挺进的蹒跚

没有脚步的停滞
只有容颜的沧桑
没有生命的老去
只有岁月的流逝
没有理想的幻灭
年轻
用脱旧的思维去启迪青春
年轻
用阳光的心态去托染心灵
年轻
用坚定的意念去创造未来

我们挚爱生命
但我们不曾胆怯光阴的飞逝
因为每一刻都是新生
我们执着生命
但我们不曾忧虑身躯的衰老
因为每一寸都在成长
我们尊重生命
但我们不曾剥夺生活的快乐
因为每一瞬都是光热
我们期待的
永远是年轻生命下一刻的精彩与疯狂

年轻
是每一个生命的特权
它打破了逗号噩梦的侵袭
年轻
是每一个灵魂的归属
它净洗了躯骨的腐蚀

年轻
是每一颗心灵的港湾
它碾碎了脚步的昏沉

我们拥抱的
永远是朝阳
我们亲吻的
永远是春风
我们灼烧的
永远是烈火
我们唤起的
永远是属于年轻世界的不竭力量
直到生命的
最后一秒钟

作者感言：青春，并不只是年轻人的特权，无论你是 80 后、90 后抑或是 40 后、50 后，每一个人都拥有年轻的权利和优势。朋友，当你感叹岁月如梭、光阴似箭时，当你对逝去的岁月满怀留恋时，我想告诉你们，下一刻将更精彩。什么是年轻？就是 70 岁老奶奶跳广场舞焕发出的青春。什么是年轻？就是 80 岁老爷爷读书看报时还在拍桌子瞪眼睛所展现的力量；什么是年轻？就是生命走到最后一刻依然内心充满阳光没有恐惧；什么是年轻？就是你的脑海永远在为未来而翻腾和飞卷。什么是年轻？就是你的心灵 30 年、50 年、甚至 100 年都没有被岁月改变。长辈、朋友、兄弟姐妹，我与你是同龄人并且永远与你同在，我们永远看到对方的都是开心的笑容、坚毅的目光还有永不停滞的前进动力。

我和梦

我是舟帆
梦是海洋
我努力地划桨
却划不到海洋的尽头
我是野马
梦是山脉
我使劲地奔跑
却跑不到山脉的巅峰
我是花草
梦是土壤
我拼命地挣脱
却脱不出土壤的掌心

我和梦
是一根骨头扶着另一根骨头
我和梦
是一块砖瓦粘着另一块砖瓦
我和梦
是一个车轮连着另一个车轮
我和梦
是一根筋腱牵着另一根筋腱

梦
是含泪的蜡烛
不是无情的烈火
一刹那灼烧后
留下的虽是灰烬
但却不愤怒
梦
是锋锐的剑刀
不是漂泊的沙水
五百次磨砍后
留下的虽是伤痕
但却不虚幻

梦
总是在寂静的世界起航
梦
总是在荒凉的沃土扎根
梦
总是在贫瘠的身躯坚守
梦
总是在风雨的大潮挺进

洼谷是溪泉的港湾
陡峭是巅峰的坦途
孤独是崛起的基石
寂寞是成长的风帆
而冷酷与坚贞
却是圆梦的道路上
永远不曾被驯服的铁骑

我和梦
就像白天与黑夜
就像溪水与寒冰
就像严冬与暖春
永远相依、永远相望、永远相思
却又未曾相见

请你等我

我在深谷绝岭
你在花间月影
我的世界枝柳枯黄、荒骸杂生
你的世界清幽淡雅、恬静唯美
我爱你、你爱我
同一片蓝天下我们都在仰望
我在苍山大漠
你在绿水晴天
我的世界狂沙滚滚、乱石不绝
你的世界层峦耸翠、绿浪波涛
我爱你、你爱我
同一束月光下我们都在回忆
我在边远村落
你在琼楼玉府
我的世界泥泞孤荒、人烟冷落
你的世界花灯璀璨、霓虹耀眼
我爱你、你爱我
同一幕星夜下我们都在许愿
我在雄关险道
你在蹊径林荫

我的世界硝烟不灭、战火长存
你的世界温暖如歌、笑音缠绵
我爱你、你爱我
同一片大地上我们都在祝福

荒漠的风啊！
吹不散执着的雪
绝岭的树啊！
遮不住流泪的影
大山的夜啊！
望不到相思的月
深岩的石啊！
挡不住追梦的草

请你等我
东方的朝阳正飞冉起升
请你等我
迎风的赤旗正漫卷高扬
请你等我
燎原的烈火正烘暖世界
请你等我
雪洁的天地正生机焕发

请你等我
不要让彷徨熄灭青春的火
不要让思绪浸污灵魂的雪
不要让距离烙刻嗔恋的痛

不要让时间印留眷忆的伤
请你等我
我一生中只有两个爱人
一个是剑、一个是你
你嫁给了我
我嫁给了剑
而我们却共同嫁给了伟大的事业
那就是祖国辉煌的明天

我们是装备兵

我们是装备兵
我们同样忠诚于信仰
高扬的旗帜染红了我们奔腾的血液
我们是装备兵
我们同样报效于祖国
锦绣的河山牵萦着我们鸿远的理想
我们是装备兵
我们同样奉献于人民
慈爱的父老激涌着我们似海的真情
我们是装备兵
我们同样扎根于战位
无声的灯火灼烧着我们打赢的决心

我们是装备兵
我们同样流血流汗
在科研战线上
鞠躬尽瘁、建功立业
我们是装备兵
我们同样经风历雪
在装备保障上
勤勉敬业、无悔青春
我们是装备兵

我们同样任劳任怨
在打赢准备上
攻坚克难、百折不屈

我们是装备兵
沉默中
我们孕育雷霆万钧
锻造天雷地火
我们是装备兵
奉献中
我们倾洒无悔忠诚
践行使命任务
我们是装备兵
希望中
我们磨砺顽强斗志
铸牢打赢决心

我们是装备兵
让装备合格过关是我们的首要职责
我们是装备兵
让装备管用好用是我们的最高目标
我们是装备兵
让装备发展创新是我们的终极使命

我们是装备兵
我们为打赢战争而生
我们为捍卫和平而战
我们为国防的强大、为人民的安居
而鏖战日夜、奔守朝夕

当战争爆发的那一刻
我们也一定奔赴前线、奋勇杀敌
为兵这个荣誉称号
而不悔献身

沉默的雷霆

我们在沉默中
孕育雷霆万钧
锻造倚天长剑
我们在沉默中
积怀壮志鹏程
静观世界风云
我们在沉默中
久砺钢身铁骨
捍卫大国尊严
我们在沉默中
尽洒热血忠诚
守护万里天疆
沉默中的我们
内心飘扬着鲜红的旗帜
沉默中的我们
血液流淌着奔涌的江河
沉默中的我们
脊梁蕴含着坚硬的峰石

我们的内心
满载忠诚信仰
永不动摇

我们的血液
激荡革命脉搏
永不停歇
我们的骨髓
烙刻打赢使命
永不变质

（一）忠诚

历史大潮的车轮
总是在无声地考验
考验着我们的坚贞
任凭斗转星移、风云突变
我们依然忠诚于信仰
一心向党
考验着我们的坚毅
任凭缺衣少食、百经艰险
我们依然顶得住困难
百折不挠
考验着我们的坚守
五十六年大山密林岩层地下蓄势待发
四十九次紧急行动重要使命
出色完成

一路走来的我们
抒写了无数感人至深的事迹
这些事迹
用奉献、用拼搏、用无私
铸就了不朽的军魂

第一任营长李甦
驻守戈壁、艰辛磨砺
病重女儿、无暇兼顾
腾空升起的争气弹
是他由衷的骄傲
终身残疾的女儿
却忧唱着他一生的愧疚
置身国防赤诚在
舍家为国壮志酬

第一任旅长董春儒
殚诚毕虑、碧血丹心
导弹部队的壮大
是他奋斗的动力
渐趋衰弱的身体
低吟着无私的奉献
鞠躬尽瘁死后已
一片赤诚报家国

第一任旅政委陶殿玺
勠力奋战、昼夜不眠
移防换型的改编
是他坚定的任务
异样患病的心房
枯竭了他生命的烛光
呕心沥血身先逝
不朽兵心铸剑魂

（二）砺剑

回顾往昔我们不忘前人
放眼今朝我们积极备战
展望未来我们矢志打赢

我们是英雄的代名词
我们是战场的撒手锏
我们是和平的守护神

我们在急流中挺进
随时等待着风雨的奇袭
我们在冰雪中攀爬
随时等待着夜幕的降临
我们在沉默中爆发
随时等待着亮剑的鸣镝

大山深处
我们挥洒热血豪情
洞库阵地
我们奉献无悔青春
长剑身旁
我们呐喊嘹亮誓言
一切都只为一个目标
打赢、打赢、永远打赢

我们的热血
是流动的江河

卷起了拼搏的浪潮
我们的铁骨
是挺拔的峰山
扛起广阔天地
我们的本领
是迅驰的雷电
横扫千军万马

指导员姚涛不怕苦、不放弃
用血性战胜艰难险阻
6408 个仰卧起坐
4 个小时的起伏颠腾
皮肉渗透着血汗
呐喊激荡着心潮
这是纪录的突破
这是血性的挑战
这是不畏艰难的决心
这就是我们一旅官兵的血性

士官文熙俊不妥协、不服输
靠毅力实现理想追求
3650 天的刻苦坚持
八分的过去
痛忆支撑着理想
无声孕育着坚强
信念铸就了成功
最终成为优秀的瞄准号手
这就是我们一旅官兵的毅力

营长周游国不放松、不懈怠
靠能力取得提高进步
365 天的卧薪尝胆
一次破格的提升
多少书籍览过
多少理论研明
提问、考核迎刃般轻松
这就是我们一旅官兵的本事

十年战位磨锋刃
万里驰奔为打赢
不怨今时风雪苦
明朝亮剑射天星
我们东风第一枝
随时能战
准时发射
有效毁伤
我们永远作战争的先锋
我们永远作防守的利盾

（三）坚守

高原戈壁
有我们的傲挺英姿
老山密林
有我们的铿锵豪迈
地下深岩
有我们的呕心沥血
洞库坑道
有我们的忠诚坚守

坚守坑道
坚守大山
坚守阵地
坚守着人民的安宁与河山的锦绣

与世隔绝的山谷中
是忠党之魂盛开出遍插我们心灵的鲜花
不见阳光的岩层下
是强军之心照射出铺洒我们精神的光芒
稀渺人烟的阵地里
是战友之情承载着蕴含我们真情的沃土
我们就是依靠花的芳香
我们就是依靠光的明亮
我们就是依靠土的厚爱
才在这僻静荒芜的大山中默默坚守几十年

老班长赵平普和妻子王松华
二十五年奔走于大山深处
确保了通信线路的安全
但二十二年前王松华巡线的意外
剥夺了她终身做母亲的幸福
枯燥寂寞磨难
夺不走他们奉献的信念
如果需要，我愿意再守大山三十年
这是赵平普脱下戎装时的铮铮誓言

老班长王瑞杰
十九年的兵龄
无数日夜在地下钢铁长城的奔走

却没有走到妈妈的病床
喂她一口汤饭
给她一个拥抱
他看到的是
冰冷的灵堂
素暗的遗像
谁说男儿有泪不轻弹
只是未到伤心处

战士薛海峰
五年的叱咤英姿
他与大山并立
一千多个日日夜夜
他与风雨相伴
看一眼百公里外的旅部
是他退伍时的心愿
谁说兵是钢铁汉
独有柔情献国防

因为坚守而奉献了青春的年华
但却沉淀了人生的脚步
因为坚守而经历了风雨的辛酸
但却升华了生命的价值
因为坚守而放弃了多彩的世界
但却实现了军营的梦想
也正是因为我们的坚守
才得以令长剑升天
震慑于苍穹日月
叱咤于神州大地

（四）情怀

仰望大国长剑升起之时
我们的内心激流涌动
我们的泪水潸然飞落
我们的胸膛高耸坚挺
我们的目光锋芒锐利

大国长剑是我们信仰的最高巅峰
大国长剑是我们精神的最远追求
大国长剑是我们情感的最终归属

大国长剑
是这沉默中的雷霆不朽的灵魂
悲欢、进退、生死
都凝聚在这顶天立地的倚天长剑
让这无声的雷霆伴随着长剑的飞天
共筑明天胜利的战场

一缕新光

挥洒一缕新光
草儿绿
花儿红
挥洒一缕新光
风儿柔
雪儿净
挥洒一缕新光
麦儿熟
稻儿香
挥洒一缕新光
鸟儿舞
鱼儿跃

挥洒一缕新光
让大地不再荒凉
挥洒一缕新光
让浩宇不再沉寂
挥洒一缕新光
让心魂不再阴寒
挥洒一缕新光
让生命不再缓步

挥洒一缕新光
是壮美的画卷
映飞眼帘
挥洒一缕新光
是紫红的气象
沁流心脾
挥洒一缕新光
是振翅的雄风
激扬血骨

挥洒一缕新光
让美丽回归自然
挥洒一缕新光
让温馨激荡青春
挥洒一缕新光
让光明照耀道路
挥洒一缕新光
让希望铺就未来

我们看啊
兄弟姐妹们
倾溢迷人的笑脸
焕发威武的英姿
流露幸福的神采
让猜疑、矛盾抛于九霄云外
让忌妒、狡诈沧流不复

信任是沟通的桥梁
关爱是奉献的源泉

鼓励是斗志的风帆
团结是发展的基石
让这一缕新光浩然久存
久存于我们内心
久存于我们骨髓
久存于我们灵魂
照亮我们生命中每一个阴暗潮湿的角落

你的世界

你是水
我握不住
却能润洗掌心
你是风
我追不停
却能吹拂面颊
你是月
我够不到
却能映照孤影
你是山
我扛不动
却压疼了我的心

我从你这面镜子里
看清自己
我从你这幅画卷中
痛失感伤
我从你这部诗篇中
诵读人生

总是停留在远方不敢靠近
一次次温暖的忧伤

透露着孤独的彷徨
总是踯躅在街巷独自惆怅
一道道冰冷的屏障
是阻挡你我无形的墙
虽然我无法触及你
但心已经陪伴你的身旁
用我的生命在默默守望

守望没有阴晦的双眸
它像生命里的日月
散发着强烈的光芒
映照着内心每一个角落
守望没有弯曲的脊背
那是一种无畏的坚强
散发着一种绽放的力量
也在坚挺我的胸膛

你的世界
像晶莹的雪
像冰寒的玉
像壮美的霞
像百经狂沙而不动摇的胡杨
更像娇羞的玫瑰在悄悄地开放

感恩
我在你的世界里
日光如灼、寒月如冰
我在你的世界里
热浪奔袭、冬雪冰侵

我在你的世界里
亲近馨谐、远疏陌落
我就这样的被你温暖、警醒着
我就这样与你咫尺间、天涯远

作者感言：“你的世界”是我观看了一部军旅爱情题材的电影后，偶发感想而创作的一首诗，主要表达一种想爱而又不敢爱的复杂情愫。后来著名歌唱家郁钧剑在阅读此诗后很有感触并主动帮忙修改而成。在此，我真诚地感谢郁老师真诚的帮助，祝愿军营中的有情人要有勇气去追逐属于自己的爱情。

我们骄傲

我们骄傲
打开窗棂
是阵阵温暖的春风
吹拂滋养着灵雅的天地
我们骄傲
推开门锁
是束束耀眼的金光
照耀斑斓璀璨的世界
我们骄傲
竖起耳廓
是曲曲飞扬的音律
高奏奋进澎湃的凯音
我们骄傲
转过身躯
是张张迷人的笑脸
流露温润心扉的真情

我们骄傲
我们是飞腾的潮水
能卷起冲天的巨浪
我们骄傲
我们是绵暖的春雨

能汇积不息的江河
我们骄傲
我们是不屈的青草
能漫染翠绿的大地
我们骄傲
我们是飘荡的白云
能绘涂壮美的晴空
我们骄傲
我们扎根深土播种信仰
不松软
不动摇
我们骄傲
我们攀爬高山践行使命
不妥协
不放弃
我们骄傲
我们翱翔蓝天追求理想
不畏惧
不退缩
世界是我们璀璨的舞台
生命是我们高扬的风帆
母校是我们挺拔的胸膛

我们骄傲
因为我们内心
鲜红的旗帜飒飒飘扬
那是延安的火种薪火相传
我们骄傲
因为我们血液

奔涌的江河汩汩流淌
那是革命的信仰铭刻流年
我们骄傲
因为我们脊梁
耸然屹立铮铮不倒
那是母校的丰碑耀眼辉煌

我们骄傲啊
七十五年
我们不曾迷失正轨
在大潮巨浪中挟雷挺进
我们骄傲啊
七十五年
我们不曾痛失机遇
在大道雄关上驰骋跨越
我们骄傲啊
七十五年
我们不曾藏留悔恨
在大厦飞宇间建树伟业

我们骄傲
是心火凝聚的气魄
我们骄傲
是滴水成江的信念
我们骄傲
是破石平川的勇猛
我们骄傲
是二十万北理工人
人生轨迹的辉煌

我们骄傲
是七十五年北理工人
风雨岁月的峥嵘

我们骄傲
我们骄傲
骄傲于母校光辉的历程
骄傲于母校绚丽的明天
我们万千北理工人
让丰碑久立
让精神永传
让信念不倒
让骄傲永恒

倚天长剑傲苍穹

大漠戈壁、烈日咆哮
林海雪原、寒夜高歌
让生命的烈焰赤火燃亮苍穹
让信仰的叱咤惊雷划破云际
让青春的激情热血冲涌九霄
我们
不怕西风烈
不怕北风寒
不怕烈焰灼
不怕冷流飞

在人烟稀少的沃土枕戈待旦
在岩林密集的深山秣马弯弓
我们时刻待战
听一声号角
让淬火长剑直上云天
为蓝天抹一缕鲜红
为大地开一声巨响
为云际卷一层烟火
为深山掀一股巨浪
让鬼神胆寒
令英雄敬畏

我们是英勇无畏的火箭兵
是手握撒手锏的终极武者
永远不忘我们的使命
让倚天长剑傲啸苍穹

我是一棵草

我是一棵草
我不曾
惊扰云的秀美
我是一棵草
我不曾
浸染雪的洁白

我是一棵草
我不曾
攀折树的傲伟
我是一棵草
我不曾
遮挡花的艳媚

我是一棵草
沐浴在阳光下
扎根深土、奋力生长
我是一棵草
挣扎在石缝中
叶锋如剑、坚贞不屈
我是一棵草
迎顶在风雨里

独领霜寒、不变本色
我是一棵草
灼烧在烈焰下
残身不死、春风复生

我是一棵草
从不孤寂
因为我兄弟连心
遍布天涯
我是一棵草
从不恐慌
因为我生命顽强
雪火不敌
我是一棵草
从不悲落
因为我青茵遍野
绿洒人间

风有风的自由
山有山的巍峨
海有海的波澜
溪有溪的舒缓
而我有我
天地的悠然

我从不嫉妒
更不畏讥嘲
宽容是多彩的桥梁
嫉妒是险恶的渊岭

陌寞生长
是我心的信仰

万千铁蹄的踩踏
燃不起胸中的怒火
严霜烈焰的侵蚀
断不尽根触的蔓延

我要永远
做一棵小草
静静的
在阳光下
绽放翠绿的烟火

战争与和平

时光竞度
旌旗漫展
回首间
我们走过了七十五年的铁血征程

七十五年
从战争的烈火硝烟到和平的烟花绽放
我们经历的是风雨的洗劫
是血泪的交融
七十五年
从战争的阴云滚滚到和平的万里蓝天
我们面对的是刀枪的杀戮
是苦痛的割残
七十五年
从战争的哀号哭喘到和平的欢歌笑语
我们经历的是心魂的跌宕
是爱恨的凝结

七十五年
我们从不畏惧
当战争的魔爪伸向我们的身躯
我们就燃起胸中的烈焰

驱虏除魔
七十五年
我们从不屈服
当战争的铁蹄踏上我们的胸膛
我们就挥舞手中的利剑
碎骨断筋
七十五年
我们从不伤吟
当战争的洪流漫过我们的脊梁
我们就划荡手中的帆桨
破浪冲航

七十五年
历史大潮的车轮碾过我们攀爬的足迹
它总是在考验着我们
考验我们的坚贞
任凭斗转星移、风云突变
我们依然忠诚于信仰
永远与党风雨同路、浪涛共济
考验着我们的坚毅
任凭缺衣少粮、断水断电
我们依然扛得起重担
永远努力向前发展力量、壮我国防
考验着我们的坚守
任凭风霜雪雨、鏖战日月
我们依然守得着住寂寞
昼夜劳作旰食宵衣、无声奉献

高原戈壁
有我们的傲挺英姿
老山密林
有我们的铿锵豪迈
地下深岩
有我们的呕心沥血
大漠边塞
有我们的忠诚奉献

七十五年
我们孕育雷霆万钧
锻造倚天长剑
七十五年
我们积怀壮志鹏程
不惧风起云涌
七十五年
我们久砺钢身铁骨
捍卫大国尊严
七十五年
我们尽洒热血忠诚
守护万里天疆

七十五年
我们献身于国防大业
坚定信仰、义无反顾
内心永远飘扬着鲜红的旗帜
七十五年
我们耕耘于国防一线
立足本职、不负青春

血液永远流淌着奔涌的黄河
七十五年
我们立足于国防前沿
献身使命、勇往直前
双臂永远舒展着翱翔的翅膀
七十五年
我们扎根于国防创新
捍守荣誉、睿智进取
脊梁永远屹立着挺秀的山峰

七十五年
我们不辱使命
磨刀砺剑、枕戈待旦
为明天的胜利时刻准备着
多少骄人的成绩
多少辉煌的硕果
多少丰功的伟业
被北理工人一次次创造
看
中国第一台大型天象仪在北京理工大学运转
看
中国第一枚固体火箭在北京理工大学腾空
听
中国第一部低空探测雷达在北京理工大学开机
听
中国第一辆轻型坦克在北京理工大学轰鸣

骄傲啊
纪念世界反法西斯天安门广场大阅兵
十七个地面方队
八个空中方队的装备研制工作
都有着理工人的操劳
这是北理工对祖国的回报
这是北理工对人民的回报
这是北理工在国防史册上
铸刻的不朽丰碑
这座丰碑让我们
永远做国防的先锋
永远做科研的标兵
永远做战争的利剑
永远做和平的卫士

当锋利的长剑飞跃于星月苍穹
当矫健的雄鹰穿腾于万里云层
当迎浪的船舰翻卷于无际海洋
当威猛的雄狮奔驰于大漠高原
我们的内心却久久不能平静
激流涌动的血液涤荡胸口
潸然飞落的泪水洗洁身心
坚挺高耸的胸膛傲然直立
锋芒不屈的目光霸气威武
这些凝积了我们北理工人的心神气血
这些汲取了我们北理工人的聪明智慧
这些沉淀了我们北理工人的青春年华
这些灼烧了我们北理工人的爱国热情

七十五年
从诞生到发展
七十五年
从延安到北京
七十五年
从战争到和平
不变的
是传于延安的红色血脉
不变的
是植于军工的红色传承
发展科技、建设国防、保卫祖国
是我们信仰的最高巅峰
是我们精神的最远追求
是我们奋斗的最强使命
是我们情感的最终归属

和平的路
布满荆棘与曲折
那是千千万万国防战线的英雄
用青春、用热血、用智慧
换取的幸福

七十五年
我们为战争而准备
科技强军、矢志打赢
七十五年
我们为和平而努力
潜心发展、造福社会
北理工人

肩扛战争使命
胸怀和平理想
我们为战争而生
我们为和平而战
我们不忘初衷
永远扎根国防第一线
我们不辱使命
永远铭记前人丰功绩
我们斗志昂扬
永远续写北理新辉煌

作者感言：这首诗是我为母校北京理工大学七十五周年校庆晚会而创作的。我挚爱着我的母校，是母校第一次为我播撒了信仰的土壤，从而使我滋生了身体中红色的基因，是母校第一次为我浇灌了毅力的基石，让我此生为国防事业奋斗无怨无悔。毕业六年之多，始终不敢忘记母校对我的教诲和帮助，始终牢记母校的重托和期望，我为我是一名北理工人而感到无比的骄傲和自豪。

在我心目中，北理工就像一束燃烧的火焰，这团希望之火不会突然间飞向天空，也不会霎时间扑向谷底，它只会静静地燃烧，它永远照亮并温暖我们的心魂。它倾洒下亿万火种，孕育出无数新生的思想与灵感，它永远是发展与创造的原动力，也永远是我们进步与创新的指路灯。我的母校将不忘初心，在探索与前进的道路上步步攀升。

阔步新征程

这是一股基于信仰的力量
它矗立在理想的巅峰坚定不移
支撑着无畏的战士
用生命的热血与铮骨续写风雨征程
这是一股源于精神的力量
它攀爬在精神的顶点斗志昂扬
惊醒着昏睡的世界
用坚强的灵魂与血肉跨越雪域冰峰
这是一股根于理想的力量
它飞扬起时代的风帆奋勇前行
激励着危难的民族
用革命的烈火与惊雷点燃一片光明

这就是长征的力量
它众志成城　坚韧不拔
它百折不挠　自强不息
那一幕幕永恒的瞬间
我们看到民族独立的理想必将实现

四渡赤水河，巧渡金沙江
在道道山水中盘旋
在重重包围里从容

遵义城里伟人的思想散发着智慧的光芒
强渡大渡河，飞夺泸定桥
在枪林弹雨中穿飞
在万丈深渊上跳跃
血液里勇敢的力量灼烧着恐惧的冰霜
横跨沼泽地，翻越大雪山
在饥饿困苦中挺立
在天寒地冻间前行
精神里不竭的斗志支撑着不朽的脊梁
飞踏二万五千里的荆棘塞途
战胜河流山峦沼泽的艰难险阻
在堵截合围中突破
在逆境绝处下逢生
漫漫征途中播种下强军的基因

让我们高举长征旗帜
让我们传承长征精神
理想和信仰指引着前行的道路

苦难与辉煌刻印着拼搏的足迹
让我们筑牢强军的精神基石
让我们续写打赢的英雄史诗

万里雄关漫道
我们不忘初心继续前进
继承红军的光荣传统
凝聚起澎湃的力量
阔步强军兴军新征程

响铃公主

一身飘逸华丽的彩装
一串悠声婉转的铃铛
你的泪水挥洒给深沉的土地
你的深情散发出耀眼的光芒

一段凄美动人的华章
一个传奇美丽的地方
你用火热烧融了严寒的冰霜
你用信念创造了真爱的天堂

响铃公主
梦里的故乡有你痴恨的感伤
脚下的他乡有我执着的阳刚
你用月光的柔婉托染我青春的骄阳

响铃公主
曾经的山盟是你让故乡流芳
今天的海誓是我为故乡起航
我用旭日的火焰灼烧你灵魂的沉香

两个人的快乐

深夜里
我不再疲惫失落孤独
搂着坚实贴心的身体
闭上眼睛也能感受到你的温度

路灯下
我不再刺骨寒冷的无助
走向平淡幸福的远方
路再漆黑心也有明亮的火炉

我要两个人的快乐
风雨的时候不是心在独处
耀眼迷离的世界
从此不再落寂荒芜

我要两个人的快乐
追梦的坎坷不再泪眼模糊
想念与守望相伴
爱永远没有凄美的殊途

你是空中飘舞的雪花

明月下
谁在独守夜的繁华
洗尽了白昼喧嚣的尘雾
勾勒着最美的图画

寒冬里
谁在消残火的云霞
褪去了烈日刺眼的锋芒
演绎着最真的潇洒

你是空中飘舞的雪花
没有温暖没有根扎
飞过无垠无边的天际
海角天涯都是你向往的家

你是空中飘舞的雪花
不怕风吹不怕雨打
走过无声无息的生命
苍茫大地拥抱你洁白的颊

飘舞吧，雪花
漫山的花儿向你微笑
飘舞吧，雪花
沉睡的禾苗等你发芽

唱给岁月的歌

迎着风儿高唱
追着云的方向
记忆中展翅翱翔的大雁
却为梦想飞抵远方

剪掉乌黑长发
卸下女儿红妆
脚底下没有花香的沃土
却为青春挥洒空旷

跨越林岭川疆
仰望高山海浪
我眼前沉寂无声的山岗
在为坚韧抹掉忧伤

没有芬芳的玫瑰
总是在烈日下铿锵绽放
不曾恐惧的梅竹
总是在暴雪中扬起胸膛
绚烂人生的传奇抒写传说
狂傲不悔的日月必将流长

女兵
在烈火与刀锋的世界
显露不一样的锋芒

军旗下的英姿飒爽
皎月下的明媚清扬
却与狂沙和尘土紧紧交融
是静水里的清柔不惊
也是狂土里的猛烈阳刚
是和风里的温暖轻盈
也是暴雪里的铁剑寒光

几许豪迈悲壮
几多深情悠长
浓郁的爱被无情冷藏
激情的血正剑拔喷张
我无数次被猛烈冲击着
本是水做的骨骼与胸膛
梦想中冉冉升起的骄阳啊
却一直在给予我坚定信仰的力量

每一场风花雪月
都是我青春澎湃的向往
枯燥的日子
看不到闪亮的霓虹
但我眼中最壮美的景色
永远是旗帜在高高的飞扬

每一次热血滚烫
都是我壮年激情在流淌
平凡的世界里
看不到耀眼的光环
但我心中最幸福的时刻
依然是战友紧紧依靠在我的身旁

我唱给岁月的歌
歌里有听不到牧笛的草原
歌里有照不到阳光的深岩
可那些却是我记忆里的
最美风光
我唱给岁月的歌
歌里有哨塔上闪亮的钢枪
歌里有风雨中不倒的脊梁
而这些都是我生命里的
不朽映像
我唱给岁月的歌
歌里有几十年不变的春秋
歌里有几代人不忘的理想
而这些都是我征途里的
不竭力量

唱给岁月的歌
是青春写下的一笔精华
是记忆刻下的一抹沧桑
从儿时到今天
有多少是曾经的风景
有多少是逝去的春光
有多少是梦里追逐的天地

而今天我挥洒下含酸的泪花
却也无法挽回那旧日的焰火与感伤

但我不会执着于我思念的岁月
但我不会陶醉在我梦幻的青春
而记
我几十年不变的脚步
依然在走着曾经的道路
依然走在那富饶的绿色沃土
它承载着永远青春的心脏
它透照着绿色生命的光亮
那是奋斗的光芒
照射着我岁月的歌
让我不再迷芒和彷徨
让我不忘初心，怀揣梦想
永远走在我追梦的远方

导读：这首诗原创是赵曼同志，后经我略微修改后整理而成。赵曼，北京市三八红旗手，优秀共产党员。《唱给岁月的歌》展现了一代女兵心路的成长历程，赵曼同志结合自身实际有感而发，写出了人生阅历，写出了真情实感、写出了巾帼雄风。在此，向所有奋战在国防战线的女战友致以敬意。

青春的力量

扫去雪夜的风霜
我们张开翱翔的臂膀
穿越亘古的洪荒
我们点起燃烧的火光

卸下红尘的粉妆
我们挥洒暖人的清凉
脱去娇艳的流裳
我们穿上威武的军装

我们不曾为青春飞逝而黯然神伤
我们不曾为芳华远去而彷徨迷茫
更不曾为崎岖坎坷而忧魂梦长
我们有我们青春的力量
晴空万里我们放声高唱
苍莽大地我们跋涉远方
在属于青春的生命舞台
我们永远用火热在燃烧暖香

我们不曾因沉沦压抑而放弃理想
我们不曾因厌倦浮躁而随风飘荡
更不曾因屏障壁垒而惊诧恐慌

我们有我们青春的力量
风云变幻我们拉紧枪栓
走向世界我们挺起胸膛
在属于军营的热血阵地
我们永远靠勇气打赢战场
每一次的使命任务
都是一次严峻的人生考验
当我们凯旋归来时
战士的锋芒洗尽风雨的创伤
少年的豪气引领战斗的方向
胜利的号角奏响
我们青春的力量

我们仰望过山顶的峰峦
回看过脚下的花黄
一朝一夕却染下了血色的足迹
留下了昏黄的沧桑

我们仰望过蓝天的云朵
迎顶着沙粒的飞扬
一春一秋像过隙白马
在悄无声息的绵长
但挥之不去的却是寂静山岗
和那久闻的花香
无数次的凋零和绽放
沉淀了岁月的年轮
却不曾削弱我们青春的力量

我们是驻守在深山旷野的兄弟姐妹
我们是屹立在大漠边疆的不老胡杨
我们秉承着坚定的信仰
我们手持着战斗的钢枪
激情澎湃的心啊！
焕发出震彻苍穹的锋芒
我们不朽的躯体
将化作永恒的雕像
注目着世界的远方

让我们怒吼吧
在党团旗徽下发出铮铮的誓言
让我们升腾吧
在祖国领土领空上奋力翱翔
这就是青春的力量
让挫折与困惑软弱无力
让绵软与懦弱变得苍白
让妥协与安逸不堪一击
我们永远燃烧着
保家卫国，振国安邦的渴望

我们是青年的火箭军
我们有我们青春的力量
纵使我们是小草
我们也要爬满山岗
把荒芜的大地染成无限的风光
纵使我们是小舟
我们也要流进汪洋
去浩瀚的大海拥抱呼啸的风浪

我们是火箭军
我们有我们青春的力量
也许我们满头雪鬓
也许我们脸布沧桑
但我们要高耸倚天长剑
我们要做蓬勃的朝阳
我们要挥洒青春的热血
为了人民的安康
为了祖国的兴旺
我们永远会拥有青春的力量

北理工的姑娘

草青翠
花嫣红
万绿丛里绽芳容
风轻盈
水荡漾
柳眉含黛罩双瞳

春燕过
秋风卷
相思不减情更浓
曲不散
梦辗转
依依不断意相融

谁是水写的一轮皎月
谁是风溢的一缕芬芳
在不曾相知的红尘烟雨
我却为你徒增了忧伤

谁是灯染的一束金黄
谁是梦沁的一阵清凉
在纷繁复杂的蹉跎世事
心却为你流浪在远方

谁是玉封的一身洁傲
谁是花开的一股幽香
在奔放张扬的浪漫年轮
爱却为你执着而冷藏

谁是诗酒的一瞬悠扬
谁是雪落的一抹银光
在没有花柳的青葱岁月
梦却在独守一份没有孤独的彷徨

你
北理工的姑娘
你是无垢青春的一束精神光芒
你是纯真年代的一种真情信仰
你是匆匆回忆的一扇透亮门窗
你有你思想的力量和知识的彩装
你有你慧眼明珠的宽广和辽阔胸襟的雄壮
在这瞬息万变的世界
你永远不是那转瞬即逝的流裳
也永远不是那默隐墙头的暗香

北理工的姑娘
母校这一片被你挚爱的沃土
是追求梦想的温床
你们轻舞飞扬、充满向往
你们激情绽放、扬帆起航
在青春与梦想的舞台之上
你们永远是一道道亮丽的阳光

冲锋的号角

战马奔腾
江河浩瀚
嘹亮的号角
翻腾在战士的血液里
掀起一道道澎湃的巨浪
淬火不绝
烈焰喷发
磅礴的战鼓
震彻在战士的心魂里
犹如一声声惊雷的激荡
千重铁阵
万道雄关
雄浑的钟鸣
拍击在战士的铁骨中
磨砺一员员锋锐的战将

冲锋、冲锋
滚烫的胸腔里
是信仰在挺拔
是热血在灼烧
是鼓舞灵魂的歌者在孕育战斗的基因
冲锋、冲锋

深凹的足迹下
是风雪的覆盖
是刀枪的刻痕
是激励英雄的歌者在撑托血性的强音
冲锋、冲锋
霜染的明月下
是寒衣在挥舞
是金甲在闪光
是心系家国的歌者在紧绷战士的神经

冲锋、冲锋
忘却卑怯、懦弱和恐慌
打赢战争首先打赢自己
冲锋、冲锋
战胜惊涛、险涌和恶浪
战胜敌人首先战胜磨难
冲锋、冲锋
克服漆黑、孤寂和荒凉
守住疆土首先守住内心
没有曲折的道路就没有脚下的雄峰
没有艰苦的战斗就没有和平的光芒

不朽的音符中
让我倾听潋滟万顷的大海
铿锵的旋律下
让我瞭望喷薄初升的朝阳
战斗的旗帜前
让我冥思深碧湛青的长空
那就是冲锋的号角啊！

不是在诉说温婉的悲凉
不是在怜悯奋斗的灵魂
不是在高喊坚守的伟大
更不是沉浸在悲情的世界里
默默地消融
那是自强不息的民族在和平岁月
敲响枕戈待旦的战斗警钟
那是不屈不挠的民族在危难之际
发出惊天动地的战斗吼声

听，那是冲锋的号角
霹雳闪电袭来
金刚烈火狂烧
铁风巨浪惊卷
剑影刀光飘零
大漠里的胡杨不再寂寥
雪夜里的星斗不再苍凉
深山里的巨岩不再冰冷
岛礁下的浪花不再狰狞
听，那是冲锋的号角
树立不屈的信念
挺起坚硬的脊梁
燃烧青春的烈火
绽放生命的光芒
深夜里的英雄不再孤寂
浑身上下都充满了力量
听，那是冲锋的号角
在信仰与硝烟的世界里
播撒着和平的希望

作者感言：我与著名军队作曲家胡旭东是至交好友，为了创作，他经常到作战部队与官兵同吃同住，深入一线体验生活，所以他的军旅歌曲生动形象地展现了部队的生活和官兵的苦乐，他的作品成为鼓励广大官兵为强军兴军、为保家卫国、为提升部队战斗力不懈奋斗的号角，发出了军队的最强音。正如他在全国十届文联作谈会上所说的那样，具有浓郁的“信仰味、硝烟味、泥土味”。我创作此诗，献给胡老师，也敬献给在军队文化战线上扎根、奋斗的所有老师和战友们。

战士的独白书

独饮大漠的狂沙
思念江南的水乡
默望林海的冰雪
遥忆繁花的芬芳
守望深山的落日
冥想初升的朝阳
瞻仰哨塔的晚月
思想远方的爹娘

风雨征途
言情的岁月留下空白
奋斗的年代写进沧桑
热血青春
训练的战场填满伤痛
孤冷的晚夜勾画离殇
顶天立地
无屈的脊骨扛顶使命
不朽的刀锋绽放光芒

我是一名战士
当我聆听号角的召唤
飞翔而至的是严肃的表情和身体的屈张

没有休息　更无暇去幻想
我是一名战士
当我倾听妈妈的诉说
迎面而来的是闪烁的眼眸和晶莹的泪行
没有拥抱　更无暇去陪伴
我是一名战士
当我感受妻子的思念
内心涌动的是柔情的话语和遥远的祝福
没有温存　更无法去扶帮

望着连绵起伏的高山
踩在厚实广袤的土地
心伴随着空气中流动的风沙
走遍每一个有你、有家的角落
风沙啊！
带我穿越亘古的洪荒
那美丽的胡杨
是我眼中一道道最美的风景
在矗立昂扬
雪花啊！
伴我走过冰冷的天地
那银洗的洁白
是我入伍时纯真无垢的初心
在展翅飞翔

大山啊！
陪我驻守无声的岁月
那盘踞的巨岩
是我身体里坚硬不屈的脊骨
在铸就坚强

我不曾沾染红尘的烟雨
我不曾披挂华美的衣裳
我不曾迈步多彩的世界
我不曾品饮迷醉的酒觞
但我的心充满力量、燃烧火焰
我的身躯坚挺高傲、豪气凛然
任凭狂风呼啸、大雪肆虐
任凭惊雷翻滚、山崩海啸
我默默无闻，驻守祖国的边疆

我是一名战士
我不彷徨也不失落
我不恐慌也不妒羡

信仰的光芒必然扫落欲望的尘霾
思想的力量早已战胜浮躁的心房

也许有一天
我不再被人们所知
但我愿成为一座无名的小花
在祖国最艰苦的角落
独自清香

致王昊战友

是烈日的滚烫
在灼烧创伤的灵魂
是惊雷的迅猛
在劈斩濒死的身躯
是黄土的无情
在阻隔生命的留存

高山啊
你怎么忍心
夺走蓬勃鲜活的生命
厚土啊
你怎么忍心
埋葬平凡朴实的百姓
狂风啊
你吹得再猛烈些吧
卷开那埋着亲人躯体的石土
让战友看上亲人的最后一面

逝去的生命
无情的带走璀璨的骄阳
活着的灵魂
饱尝着无法停息的悲伤
悲伤啊悲伤
你的咆哮再也没有亲人为你回响
你的悲哀再也没有亲人为你紧张
你的热泪洒在生你的大地之上
却感受不到滚烫
因为你心里
结成融化不掉的冰霜

面对生死
你不曾恐惧
因为你身披报效祖国的戎装
面对灾难
你不曾惊慌
因为你是保卫人民的脊梁
危难关头
总是看得到你义无反顾的坚贞模样
亲人的呼唤你却无法应答
你血染的手臂
凝固着亲人不再闪烁的目光

你的亲人
早已远逝他乡
在天涯外的天涯
在海角下的海角
生命的追忆
永远是思念的泪水和无边的惆怅

你的亲人
早已超越时空
在意识里的意识
在灵魂里的灵魂
生存的维度
永远有亲人撑托你的臂膀

战友啊战友
你去遍体鳞伤的土地上
去找寻那份久违的坚强
但归来之时却是碎梦的悲壮
如雷的火焰烧灼你的胸膛
但落魄的灰烬不可以侵蚀你的阳刚
你心潮难平发出的声声深情念语
你头颅磕地发出的阵阵不绝回响
击打着每一个军人的心
让我们刹那间忘却了冲锋的勇猛
孤独的沉默充斥了悲壮的凄凉

但是你并不孤独
我们也不再沉默
我们永远和你在一起
我们永远肩并肩
你山崩地裂的故乡是我整装待发的家乡
那蒙受灾难的亲人是我眷顾痴恋的父老乡亲
在生命与使命的大道上
不会再有寸断肝肠
你永远是飒飒军旗下
威武如初的军营好儿郎

作者感言：年仅19岁的四川籍战士王昊，在2017年6月24日四川茂县山体坍塌这场突如其来的灾难中，失去了14位亲人。当他回到已经成为废墟的家乡，跪在父母被深埋的地方，磕破了头颅，喊破了喉咙，却再也听不到亲人的半声回响。两年未回家的他没有见上亲人的最后一面，这是一种怎样的伤感与悲痛！从此，抚养弟弟妹妹的重担压在了他还年轻而柔弱的肩膀。我们同为军人，深刻地感受着他的悲伤，并愿意为王昊深情讴歌并伸出友爱之手。战友，请你一定要坚强，要相信，军营永远是你最坚强的后盾！

不朽的刀锋

我不知道
有多少热血流入江河
融进澎湃的碧水
朝向大海奔腾
我不知道
有多少铁骨埋在山林
化作嶙峋的岩石
耸起座座山峰
我不知道
有多少名字刻进石碑
奠基不朽的伟业
勇把艰险攀登
我不知道
有多少声音激荡寰宇
召唤时代的英雄
紧握手中的刀锋

刀锋啊刀锋
在那块曾被野兽分食的土地上
你就是战斗的身影
刀锋啊刀锋
在那些曾被妖魔乱舞的躯体下

你就是反抗的枪声
刀锋啊刀锋
在那些曾被强虏欺辱的世界里
你就是希望的明灯
有了你
才拥有了温暖的世界
有了你
才不会再有千里的冰封
历史的足迹告诉我们
你的刀刃亮在哪里
哪里就是血雨腥风
你的剑锋闪在哪里
哪里就是地裂山崩
谁说你就只是一支队伍
我看到的是丰碑
是旗帜
是军人澎湃的心跳
是激情在血脉里升腾

刀锋啊刀锋
阴云的笼罩下
你化作卷火的金甲
所向披靡、绽射光芒
刀锋啊刀锋
恐惧的世界里
你化作奔腾的龙马
鼓舞民族、图存救亡
刀锋啊刀锋
正义的战场上

你燃烧愤怒的烈火
驱散云霾、肆意翱翔

刀锋啊刀锋
你是信仰的力量
支撑着战斗的士兵
用生命的热血与铮骨谱写风雨的征程
刀锋啊刀锋
你是精神的力量
催生了战斗的因子
用坚强的魂魄与血骨铸造不屈的心灵
刀锋啊刀锋
你是理想的力量
唤醒了沉睡的雄狮
用革命的浴火与惊雷重塑未来的光明

南昌枪声响、惊雷破霜天
朱毛聚井冈、星火起连连
五次反围剿、折兵破险川
万里踏征程、磅礴走泥丸
挥师斩日寇、捷报平型关
兵据陕甘宁、敌后设关渊
铁帅敢亮剑、大战出百团
战略大反攻、壮士不欲还
调阵大突围、饮马战中原
连日开七战、苏中奏凯旋
辽平淮三战、渡江驱蒋奸
抗美援朝胜、敢叫美帝寒
我自平内乱、万军下藏南

横斩印苏越、称雄不枉然
神州揽日月、千峰驭舟帆
九八击洪浪、群力保民安
军民情鱼水、团结救汶川
力铸军魂骨、重温上古田
广场大阅兵、铁阵惊穹天
军改听号令、使命担在肩
刀锋九十载、不朽万万年

苦难与辉煌印刻着拼搏的足迹
战争与和平流淌着历史的风雨
牺牲与奉献镌写着神圣的使命
那就是我们的刀锋
无论是什么年代
它倚天拄地无比坚硬
无论是什么敌人
它剑鞘而动随时待命
无论是什么灾难
它破卷暗黑光芒辉映

请相信我们的忠诚和坚定
请相信我们的英勇和无畏
请相信我们心中的利剑
挥舞着未来的爱憎
让九十年的红色传奇
再续写
不朽的刀锋

后 记

有一个心愿在心底埋藏了很久，这个心愿就是创作一本军旅诗词集，去回首近代中国屈辱的沧桑历史，去展现中国军队浴血奋战的历程，去歌颂新中国成立后涌现的先锋模范，去抒发和平时代军人为保家卫国所做出的贡献，于是便有了《不朽的刀锋》这本诗集的酝酿与出版。在这本诗集里，只有一少部分曾经在《解放军报》《诗刊》《中华军旅诗词》《华夏诗报》等报刊上发表过，大部分的诗词还是首次发表。我知道，在军旅诗词界，我还是一个名不见经传的、初出茅庐的毛头孩子，在写作方面很多地方还很不成熟，但是，令我感到荣幸的是，许多名家名辈都对我伸出了关爱之手，愿意无私真诚地帮助我、支持我，这令我备受鼓舞，成为我努力进取的一种动力。一群新时代的爱国诗人，他们为军队、为祖国、为人民而高声吟唱，那是一种怎样的力量，我被这股力量深深吸引着，推动着我为军人的奉献执着而歌颂，为祖国的振兴发展而呐喊，为人民的幸福安康而吟诵。我愿意倾洒我稚嫩的笔墨而成为他们中的一员，抒发我内心蓬勃的爱国情。军营，这一广阔的大舞台，它使我的理想与信念更加坚定，它使我的情感思想更加坚贞，它是激发我灵感的源泉，它是我尽情耕耘的沃土，是我心中永远的圣地。应该说，“我的创作源于我的执着，我的执着源于我的热爱”。我执着于军人的铮铮誓言，我热爱着军队的斗志昂扬，我愿意将自己的理想在这里绽放，我渴望青春在这里激情燃烧，成为军旅文化发展中的“不朽的刀锋”。

2010年，我毕业于北京理工大学。在大学期间，我就充满了对军营的渴望。有人说我不懂得时尚，总是跟不上时代发展的潮流，但我内心长久以来积淀的对军队的爱已经根深蒂固。记得我11岁那年，也就是1999年5月8日，美国轰炸机发射的三枚精确制导炸弹击中了中华人民共和国驻南斯拉夫联盟大使馆，致三名中国记者死亡。看到这一新闻，年少的我感到无比的愤怒，我记得当时在电视里看到许多大学生通过发表演讲、上街游行、撰写文章等来表达他们对美国的侵略行径的强烈不满，我当时就想成为他们中的一员，用自己的实际行动来捍卫祖国的尊严。从那之后，我就开始关注国防军事和民族历史。上初中时，我阅读了很多历史书刊，也看了很多战争电影，留给我印象较深的有《甲午风云》和《南京大屠杀》，我不愿相信我的祖国曾经受过那样的屈辱，我不愿相信我的祖国曾遭受列强铁蹄的无情践踏。勿忘国耻、振兴中华，成为我心中的信念；献身军旅，保家卫国，成为我奋斗的理想。上了大学后，我的辅导员赵宏宇、班主任王翔宇，他们的思想可谓又红又专，很符合北理工的红色院校的军工特色，在他们的影响和支持帮助下，我加入了学生会，并以学生干部的身份顺利地进入了校党委宣传部和校团委，一人负责三个校级学生组织的管理。那段时间，我虽然很辛苦，却累并快乐着。我记得当时的团委书记徐强同志跟我说："我们培养你们，希望你们以后不要忘记你们加入共青团的初衷，希望这种初衷能够伴随你们一生，无论是遇到什么挫折，亦或是有什么样的收获，把原则坚持到最后，胜利就离你们不远了。"如果说在最初加入共青团时我还不能完全懂得这些话的真正含义，但当徐强书记对我说这番话时，我即刻懂了，我明白了身为一名中国共青团员的责任与担当。我在大学期间组织和策划了很多活动，我总是能够做到坚定执着和坚持原则，不畏困难和挫折，最终都使活动圆满成功。

毕业后，在梦想的激励下我终于成为中国人民解放军的一员，我至今无法用语言来形容接到入伍通知书时的那种兴奋与激动。从此，军营就成为我挚爱的家。初入军营的那段时光我至今难忘，每天的站军姿及各项训练对于我来讲都是艰苦的考验，这看似枯燥的训练，正是对意志最好的锤炼。在那段时光里，我接触了大量的军旅诗词，从震撼到热爱，从热爱到创作，一条新的路在我面前铺展开来。作为一名理工男从事文学创作，这注定是一条坎坷而艰辛的路，单凭一腔热血是做不到的。回首我走过的这段历程，除了我自己的艰辛努力与坚定执着外，很多人给了我无私的鼓励与帮助。在这些人当中，不乏名人名家，如著名词作家阎肃先生、著名词作家石顺义老师、著名曲艺表演艺术家于海伦老师，以及著名诗人峭岩、刘庆霖、范诗银等，从这些前辈的身上我学到了许多创作方面的技巧和方法，对诗词本身有了更为深入的认识。诗词创作道路并不是一帆风顺的，记得有一次我向报社投了几十首诗歌，却一首也没有被选用，我对自己产生了怀疑，认为自己也许天生就不适合搞文学创作，为此，我曾停笔了一段时间。后来，单位派我去中国人民解放军南京政治学院学习，在那里我有幸结识了很多著名教授，有副院长郝湛秋将军、范开明教授、吴爱军副教授，是他们的鼓励让我看到了自身在创作方面存在的潜能，所以又重新拿起了笔。努力总有收获，坚持就会成功，面对着质疑与讥嘲，我选择了默默的努力和隐忍；面对着思维的枯竭与停滞，我选择了不断地学习与充电。2013 年，我出版了两本诗集《热血青春》和《南政印记》，虽然现在回头看这两本诗集显得还很幼稚，但它们的出版坚定了我的信心。2015 年，在我的恩师、北京理工大学常务副校长杨宾的支持和鼓舞下，我为母校北京理工大学撰写了诗集《追梦北理工》，反响还不错，这更加激励我在诗词创作道路上能越走越远。

《不朽的刀锋》就是为迎接建军九十周年而创作的，书中的诗词，是我近三年多的创作成果。回首这本诗集的创作，经历了多少次灵感的撞击，度过了多少个不眠的夜晚。也许，这本诗集仍不完美，但她是我心血的结晶，是我心愿的抵达，是我成长的经历，是我不羁的动力。希望这本诗集能够给现代军人一点启迪与感悟，能够给军旅文化增添一抹色彩，更希望通过这本诗集让我不断地反思与进步。

最后，我要向所有对本书提供过支持和帮助的领导、老师们表示衷心的感谢。感谢国家文化部原常务副部长高占祥，中国军事文化研究会会长程宝山中将和著名军旅作家、军事理论家乔良少将的悉心指导。感谢中国书法家协会副主席刘洪彪先生倾情题字。感谢空军著名词作家石顺义老师、中央电视台制片人俞胜利老师、解放军八一电影制片厂著名表演艺术家李幼斌老师、中国人民解放军军史馆著名军史专家姜廷玉教授、著名歌唱家郁钧剑老师、火箭军政治工作部文工团团长周炜老师、空军文工团著名歌唱家刘和刚老师、国防大学著名军事专家戴旭教授、国防大学著名军事专家房兵教授、火箭军文工团著名作曲家胡旭东老师倾情推荐。感谢著名诗人峭岩老师为本书倾情作序；感谢顺丰速运集团副总裁黄伟友情赞助；感谢国防大学马金生教授、著名表演艺术家史兰芽老师、火箭军政治工作部文工团著名歌唱家于丽娜老师、国防大学机关张少勇同志、卢金承同志，以及中国军事文化研究会网络中心郭炜老师给予的支持和帮助。感谢单位方面火箭军机关郭振建同志、裴长青同志以及我的领导赵和民同志、庄可亭同志、赵曼同志的积极支持和帮助指导。感谢我的老师宋雅健、王琦、单连杰帮忙校对、排版。最后，感谢长春出版社出版发行此书。